Andreas Mayer

Gezielte Förderung bei Lese- und Rechtschreibstörungen

Mit 55 Abbildungen und 11 Tabellen

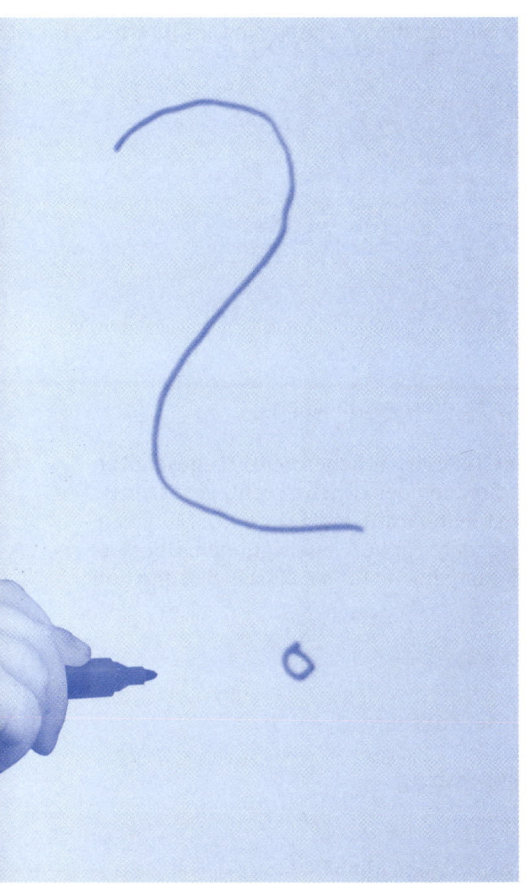

Ernst Reinhardt Verlag München Basel

Dr. **Andreas Mayer**, Sprachheilpädagoge, ist wissenschaftl. Mitarbeiter am Lehrstuhl für Sprachbehindertenpädagogik an der Universität zu Köln.

Coverbild unter Verwendung eines Fotos von
© PantherMedia.net / Meseritsch Herby

Abb. 33, 34, 36, 37, 38 und 43: A. Mayer, Blitzschnelle Worterkennung (BliWo),
© 2009 BORGMANN Media Dortmund
Abb. 53: Isabelle Dinter

Bibliografische Information der Deutschen Nationalbibliothek

Die Deutsche Nationalbibliothek verzeichnet diese Publikation in der Deutschen Nationalbibliografie; detaillierte bibliografische Daten sind im Internet über <http://dnb.d-nb.de> abrufbar.
ISBN 978-3-497-02122-2
ISSN 1868-3959

© 2010 by Ernst Reinhardt, GmbH & Co KG, Verlag, München

Dieses Werk, einschließlich aller seiner Teile, ist urheberrechtlich geschützt. Jede Verwertung außerhalb der engen Grenzen des Urheberrechtsgesetzes ist ohne schriftliche Zustimmung der Ernst Reinhardt GmbH & Co KG, München, unzulässig und strafbar. Das gilt insbesondere für Vervielfältigungen, Übersetzungen in andere Sprachen, Mikroverfilmungen und für die Einspeicherung und Verarbeitung in elektronischen Systemen.

Printed in Germany
Reihenkonzeption Umschlag: Oliver Linke, Augsburg
Satz: Arnold & Domnick, Leipzig
Druck und Bindung: Friedrich Pustet, Regensburg

Ernst Reinhardt Verlag, Kemnatenstr. 46, D-80639 München
Net: www.reinhardt-verlag.de E-Mail: info@reinhardt-verlag.de

Inhalt

Vorwort 7

1 Schriftsprache und Lautsprache 8
1.1 (Un-)Spezifität der Lese-Rechtschreib-Störung 8
1.2 Zusammenhänge zwischen Laut- und Schriftsprache 9
1.3 Lautsprachliche Kompetenzen als Korrelat der
    Lese-Rechtschreib-Fähigkeit 12
1.4 Sprachentwicklungsgestörte Kinder als Risikogruppe für die
    Ausbildung von Schriftspracherwerbsstörungen 15
1.5 Zusammenhänge zwischen lautsprachlichen Fähigkeiten,
    Worterkennung und Leseverständnis 17
1.6 Klassifizierung von Lesestörungen auf der
    Basis sprachlicher Defizite 18
1.7 Praktische Implikationen 19

2 Der ungestörte Schriftspracherwerb 21
2.1 Allgemeines 21
2.2 Präliterale Vorläuferfähigkeiten 23
2.3 Logographemische Strategie 26
2.4 Alphabetische Strategie 27
2.5 Orthographische Strategie 31
2.6 Integrativ-automatisierte Strategie 33

**3 Die Bedeutung der phonologischen
  Informationsverarbeitung für den Schriftspracherwerb** ... 34
3.1 Die phonologische Informationsverarbeitung 34
3.2 Das Arbeitsgedächtnis 35

3.3	Die phonologische Bewusstheit	43
3.4	Die Benennungsgeschwindigkeit	56
4	**Diagnostik**	**67**
5	**Förderung**	**72**
5.1	Förderung phonologischer Basisfähigkeiten	72
5.2	Förderung beim Erwerb der Phonem-Graphem-Korrespondenzen	81
5.3	Förderung beim Erlernen des phonologischen Rekodierens	91
5.4	Förderung der automatisierten Worterkennung	100
5.5	Förderung des Leseverständnisses	111
5.6	Förderung des orthographisch korrekten Schreibens	121
5.7	Förderung des schriftsprachlichen Ausdrucks	131

Literatur **140**

Sachregister **149**

Hinweise zur Verwendung der Icons

Informationsquellen print und online

Praxis- oder Arbeitsmaterial

Fallbeispiel/Beispiel

Tipp

Vorwort

Spätestens seit der Veröffentlichung der ersten PISA-Studie im Jahr 2000 wurden die weit verbreiteten Schwierigkeiten deutscher Jugendlicher bei schriftsprachlichen Anforderungen einer breiten Öffentlichkeit bekannt. Lese-Rechtschreib-Störungen gehören zu den häufigsten Entwicklungsstörungen im Kindesalter.

Um langfristigen Schwierigkeiten beim Lesen und Schreiben präventiv zu begegnen, kommt dem schriftsprachlichen Anfangsunterricht in Grund- und Förderschulen eine zentrale Rolle zu. Kinder, denen es in den ersten beiden Schuljahren nicht gelingt, Lesen und Schreiben in ausreichendem Maße zu erlernen, fallen überproportional häufig auch im Jugend- und Erwachsenenalter durch orthographische Defizite, beeinträchtigte automatisierte Leseprozesse, Schwierigkeiten beim Leseverständnis und im schriftsprachlichen Ausdruck auf.

Um als Lehrkraft effektiv handeln zu können, reicht es nicht aus, die im Handel erhältlichen Fördermaterialien unreflektiert einzusetzen. Vielmehr ist es notwendig, sich mit möglichen Ursachen und den damit assoziierten spezifischen Defiziten zu beschäftigen, um darauf aufbauend individuell zugeschnittene Fördermaßnahmen entwickeln zu können.

Diesen Anspruch verfolgt das vorliegende Buch. Nachdem im ersten Teil des Buches die am besten erforschten grundlegenden kognitiven Beeinträchtigungen der Lese-Rechtschreib-Störung und die damit assoziierten Defizite in einzelnen Teilkompetenzen beim Lesen- und Schreibenlernen beschrieben wurden, werden im zweiten Teil darauf aufbauend zahlreiche praxiserprobte Vorschläge gemacht, die im schulischen Alltag unmittelbar umgesetzt werden können. Es handelt sich um Ideen, die aus meiner mehr als zehnjährigen Beschäftigung mit Lese-Rechtschreib-Störungen resultieren, wobei die wesentliche Motivation stets darin bestand, theoretische Erkenntnisse mit der Arbeit in der Praxis sinnvoll zu verknüpfen.

In der Hoffnung, dass insbesondere die zahlreichen praktischen Anregungen eine weite schulische Verbreitung finden.

Köln, im November 2009　　　　　　　　　　　　　　　Andreas Mayer

1 Schriftsprache und Lautsprache

1.1 (Un-)Spezifität der Lese-Rechtschreib-Störung

Etwa vier bis acht Prozent deutschsprachiger Schulkinder entwickeln während ihrer Grundschulzeit massive Schwierigkeiten beim Lesen- und Schreibenlernen. Während einige Kinder bereits in den ersten Schulwochen auffallen, weil sie sich die Buchstaben-Laut-Zuordnungen nur schwer einprägen können und Buchstabenfolgen nicht synthetisierend erlesen können, haben andere Kinder vor allem Probleme mit der Automatisierung des Leseprozesses und mit dem Leseverständnis. Viele Kinder entwickeln Schwierigkeiten mit dem Schriftspracherwerb trotz durchschnittlicher nonverbaler Intelligenz, bei anderen Kindern treten derartige Probleme aufgrund von lautsprachlichen Defiziten auf, und wieder andere Kinder zeigen Auffälligkeiten im Schriftspracherwerb in Folge kognitiver Beeinträchtigungen. Entsprechend unterschiedlich müssen die Ansätze für eine individuell zugeschnittene Förderung ausfallen.

Dieses Buch verfolgt das Ziel, auf der Grundlage wissenschaftlicher Erkenntnisse zu Zusammenhängen zwischen zugrunde liegenden Beeinträchtigungen und unterschiedlich gelagerten Schwierigkeiten beim Schriftspracherwerb Vorschläge für eine möglichst umfassende schulische und therapeutische Beeinflussung schriftsprachlicher Kompetenzen zu liefern.

Es wendet sich an alle Berufsgruppen, die sich in der Praxis der Diagnostik, der Förderung und der Therapie Kindern mit spezifischen oder unspezifischen Schwierigkeiten beim Lesen- und Schreibenlernen widmen.

Der Begriff „spezifische Lese-Rechtschreib-Störung" drückt dabei aus, dass es sich um Kinder handelt, die Schwierigkeiten beim Lesen- und Schreibenlernen haben, während ihre nonverbalen kognitiven Fähigkeiten und die Leistungen in anderen Fächern unauffällig sind.

Da zwischen leseschwachen Kindern mit durchschnittlicher und niedriger Intelligenz aber kaum Unterschiede im sprachlich-kognitiven Profil nachgewiesen werden konnten, werden in den folgenden Ausführungen auch Kinder mit allgemeinen Lese-Rechtschreib-Schwierigkeiten eingeschlossen und der Arbeit folgende Definition zugrunde gelegt:

Definition

Unter der **Lese- und Rechtschreib-Störung** wird eine Lernstörung verstanden, die sich durch Defizite im synthetisierenden Lesen und/oder den automatisierten Leseprozessen sowie beeinträchtigter Rechtschreibung charakterisieren lässt. Sie kann aus Defiziten der phonologischen Informationsverarbeitung resultieren und geht oft mit Spracherwerbsstörungen einher. Die Lernstörung tritt unabhängig von kognitiven Fähigkeiten auf und kann sich negativ auf das Leseverständnis, die kognitive sowie die sozio-emotionale Entwicklung auswirken.

In den 1970er Jahren wurde ein enger Zusammenhang zwischen dem Schriftspracherwerb und der Fähigkeit, sprachliche, insbesondere phonologische Informationen zu verarbeiten, postuliert und empirisch belegt (Brady/Shankweiler 1991). Seitdem herrscht weitgehend Konsens, dass die Schriftsprache eine spezifische sprachliche Funktion darstellt, deren Erwerb einen Teil der gesamten sprachlichen und kognitiven Entwicklung darstellt (Crämer et al. 1996).

Schriftsprache als spezifisch sprachliche Funktion

Der Zusammenhang mit der phonologischen Informationsverarbeitung liegt nahe, da eine alphabetische Schrift die Phonologie abbildet und ihre Entschlüsselung deshalb an die Fähigkeit, die Phonemstruktur der Lautsprache zu durchschauen, geknüpft ist. Ein Vergleich zwischen piktographischen und alphabetischen Schriftsystemen kann dies illustrieren: Während die Bedeutung des Zeichens ⟨🐟⟩ unmittelbar ersichtlich ist, ohne dass das Symbol Auskunft über die Aussprache des Wortes liefert, bildet die Graphemfolge <Fisch> die Aussprache ab, gibt aber keinen Hinweis auf die Bedeutung des Wortes.

Schriftsprache und Phonologie

1.2 Zusammenhänge zwischen Laut- und Schriftsprache

Auch wenn sich alphabetische Orthographien hinsichtlich der Transparenz der Phonem-Graphem-Korrespondenz (PGK) unterscheiden, stimmen sie dahingehend überein, dass Buchstaben Laute abbilden, wobei in den meisten Fällen ein Buchstabe einem Laut entspricht (z. B. <t> = [t]). Zum Teil wird aber auch einem Laut eine Buchstabenverbindung (z. B. [ʃ] = <sch>, [ç] = <ch>) oder einem Buchstaben eine Lautkombination (z. B. <z> = [ts], <x> = [ks]) zugeordnet.

Komplexität der PGK und GPK

Für Leseanfänger kann es ein Problem darstellen, dass ein Buchstabe zum Teil einen Laut abbildet, im Kontext mit anderen Buchstaben aber eine Verbindung eingeht (z. B.: <s> = [z], aber <sch> = [ʃ]). Welcher Fall

```
<t>    =   [t]
<sch>  =   [ʃ]
<z>    =   [ts]
<s>    =   [s] oder [z],     aber: <sch> = [ʃ]
<ch>   =   [ç] oder [x],     aber: <chs> = [ks]
```

Abb. 1: Problematik in der Graphem-Phonem-Korrespondenz (GPK)

zutrifft, kann in Einzelfällen erst durch den Zugriff auf die Wortbedeutung entschieden werden (z. B. <Röschen> vs. <Rüschen>, <Buchseite> vs. <Fuchs>). Verkompliziert wird der Zusammenhang dadurch, dass ein Buchstabe mehrere Laute symbolisiert und ein Laut durch unterschiedliche Buchstaben wiedergegeben wird (Abb. 2 und 3). Insbesondere bei Vokalen findet keine 1:1-Zuordnung statt.

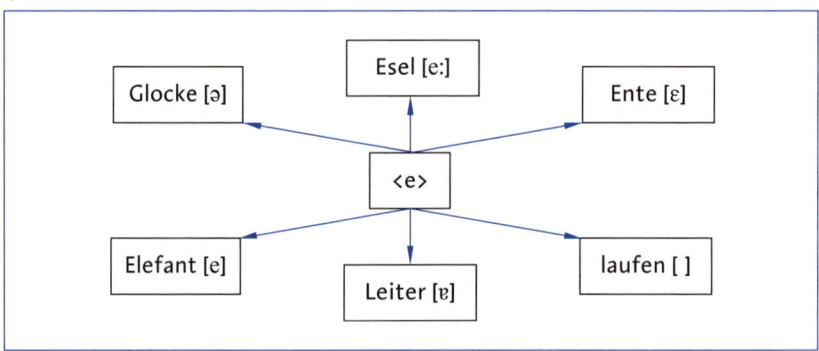

Abb. 2: Komplexität der Graphem-Phonem-Korrespondenz

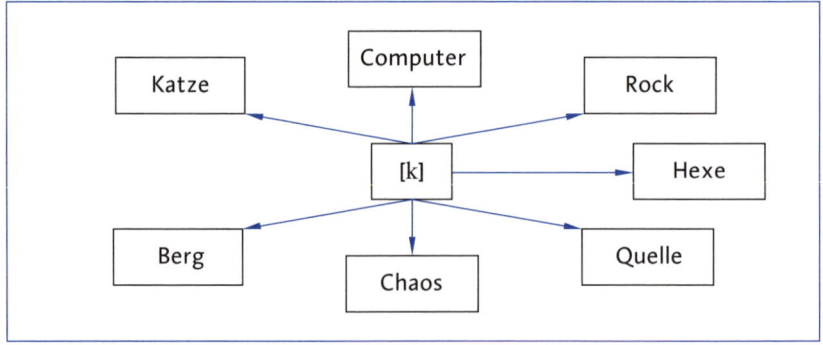

Abb. 3: Komplexität der Phonem-Graphem-Korrespondenz

Die Komplexität des Schriftspracherwerbs – insbesondere beim Erwerb der korrekten Orthographie – wird deutlich, wenn man sich bewusst macht, dass dieses ohnehin uneindeutige phonologische Prinzip durch andere Prinzipien überlagert wird (Tab. 1).

Das morphematische Prinzip verlangt, dass der Wortstamm auch in der Schreibung von gebeugten und abgeleiteten Formen wiedererkannt werden soll. So werden die Adjektive „hell" und „kalt" zu „Helligkeit" und „Kälte", nicht aber zu „Hälligkeit" oder „Kelte" nominalisiert, obgleich das phonologische Prinzip beide Schreibweisen zuließe, da die beiden Vokale der ersten Silbe durch denselben Laut [ɛ] realisiert werden. **morphematisches Prinzip**

Das historische Prinzip meint, dass bestimmte Schreibweisen tradiert wurden, obwohl sich die Aussprache der Wörter geändert hat. So wurde der heute meist als Dehnungs-h bezeichnete Buchstabe in früheren Zeiten als palataler oder velarer Frikativ (wie in „ich" oder „ach") mitartikuliert (z. B. sehen = [zeçn]). Diese Schreibweise wurde als Längenzeichen übernommen und analog auch auf andere Wörter übertragen (Bünting 1996). **historisches Prinzip**

Das semantische Prinzip schließlich besagt, dass homophone Wörter mit unterschiedlicher Bedeutung orthographisch unterschiedlich realisiert werden (z. B. Lid vs. Lied, Wahl vs. Wal). **semantisches Prinzip**

Tab. 1: Prinzipien der deutschen Orthographie

Das phonetisch-phonologische Prinzip	Faustregel: „Schreibe, wie du sprichst."
Das Prinzip der Worttreue (Schemakonstanz oder morphematisches Prinzip)	Faustregel: Man soll auch in den gebeugten und abgeleiteten Formen den Wortstamm in der Schreibung wiedererkennen, so kann man sehen, welche Wortformen und Wortbildungen zu einem Wortstamm gehören (z.B.: Maus Mäuse, Stange Stängel).
Das historische Prinzip	Bei einigen Wörtern hat sich in geschichtlicher Zeit eine bestimmte Schreibweise durchgesetzt und diese hat sich erhalten, auch wenn sich die Lautung der Wörter geändert hat (z.B.: <ie> und Dehnungs-h).
Das grammatische Prinzip	Dieses Prinzip regelt die Rechtschreibung nach grammatischen Gesichtspunkten (z.B. Großschreibung am Satzanfang und bei Substantivierungen).
Das Unterscheidungsprinzip (Semantisches Prinzip)	Gleich klingende Wörter mit unterschiedlicher Bedeutung sollen durch die Schrift differenziert werden können (Lid vs. Lied, Seite vs. Saite).

Über diese Prinzipien hinaus erschweren weitere Besonderheiten den Erwerb der Schriftsprache.

Sprache ohne Gesprächspartner

Die Schriftsprache ist eine Sprache ohne Gesprächspartner. Aus diesem Grund ist der Schreiber auch in einem höheren Maß für das Gelingen der Kommunikation verantwortlich. Er muss den Informationsstand, das Vorwissen des Lesers berücksichtigen, während in der lautsprachlichen Kommunikation der Hörer beispielsweise durch Nachfragen auch selber steuernd eingreifen kann. Diese Problematik muss in der Förderpraxis im Rahmen des schriftsprachlichen Ausdrucks in der Aufsatzerziehung besonders berücksichtigt werden.

Fehlen wichtiger Informationsträger

In der lautsprachlichen Kommunikation sind nonverbale Bestandteile (Mimik, Gestik, Prosodie) wichtige Informationsträger, die in schriftsprachlicher Form fehlen. Dies ist insbesondere für Kinder mit Sprachverständnisstörungen, deren Hörverständnis stark von diesen Merkmalen abhängig ist, eine zusätzliche Hürde bei der Sinnentnahme aus Texten.

1.3 Lautsprachliche Kompetenzen als Korrelat der Lese-Rechtschreib-Fähigkeit

Der Stellenwert des phonologischen Prinzips legt nahe, dass der Verarbeitung phonologischer Informationen beim Erwerb der Schriftsprache eine zentrale Rolle zukommt.

Definition

> Unter der **phonologischen Informationsverarbeitung** versteht man das Ausnutzen phonologischer Informationen bei der Verarbeitung von gesprochener und geschriebener Sprache (Wagner/Torgesen 1987).

Segmentierung und Synthetisierung

Die Definition drückt aus, dass sowohl in der schriftsprachlichen als auch in der lautsprachlichen Modalität Informationen über die Phonemstruktur eines Wortes verarbeitet werden, wobei ein wesentlicher Unterschied zu konstatieren ist. Wenn Kinder das phonologische Regelsystem ihrer Muttersprache erwerben, lernen sie, welche Laute bedeutungsunterscheidende Funktion haben. Um Minimalpaare diskriminieren zu können, müssen Unterschiede auf Phonemebene verarbeitet werden. Dies geschieht aber unbewusst. Ganz anders beim Schreiben: Um unbekannte Wörter aufzuschreiben, müssen diese *bewusst* in Einzellaute zerlegt werden. Beim Lesen müssen einzelne Laute zu Wörtern synthetisiert werden. So muss ein Leseanfänger, der das Wort „Rose" aufschreiben will, dieses bewusst in seine lautlichen Bestandteile [r] [o] [s] [ə] segmentieren und diese Laute den entsprechenden Graphemen zuordnen. Diese bewusste Verarbeitung phonologischer Informationen stellt Kinder zu Schulbeginn deshalb vor Probleme, weil es ein wesentliches Charakteristikum der lautsprachlichen Kommunikation darstellt, dass einzelne Laute nicht isoliert aneinandergereiht, sondern koartikulatorisch miteinander verschmolzen werden. Das Wort „Tisch" bspw. wird nicht durch die Aneinanderreihung der drei diskreten Einheiten [t] [i] [ʃ] realisiert, sondern es handelt sich um ein einziges Schallereignis mit fließenden Übergängen. Die Leistungen, die Kinder beim Aufschreiben und Erlesen unbekannter Wörter erbringen müssen, kann das Sonagramm in Abb. 4 illustrieren. Das Lautkontinuum (rechte Seite) muss in einzelne Elemente (linke Seite) segmentiert werden. Beim Lesen müssen die einzelnen Elemente zu einem Lautkontinuum verschmolzen werden. Damit ist die bewusste Verarbeitung phonologischer Informationen insbesondere beim Erwerb des synthetisierenden Lesens und lautgetreuen Aufschreibens von Bedeutung.

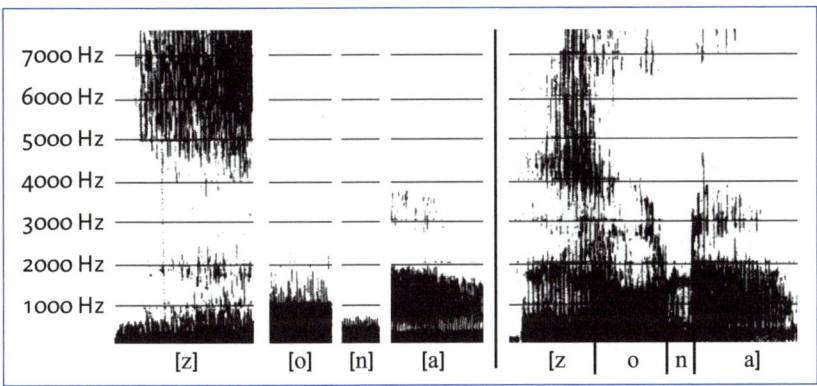

Abb. 4: Sonagramm: Das Wort „sona" im normalen Sprechfluss artikuliert (rechts) und in Einzellaute segmentiert (links) (Machelett 1996)

Die Fähigkeit, **phonologische Informationen** bewusst zu verarbeiten, spielt vor allem für Leseanfänger eine wichtige Rolle. Der kontinuierliche Lautstrom muss in diskrete Elemente segmentiert werden, damit einzelne Wörter aufgeschrieben werden können. Um auch unbekannte Wörter erlesen zu können, müssen Einzellaute zu größeren Einheiten synthetisiert werden.

Doch darf der Schriftspracherwerb natürlich nicht auf den Aspekt der Lesetechnik reduziert werden. Ziel des Leseunterrichts ist es, Kinder beim sinnentnehmenden Lesen anzuleiten.

Leseverständnis

Bedeutung semantischer Fähigkeiten

Während für das Erlernen der Lese- und Schreibtechnik primär phonologische Fähigkeiten von Bedeutung sind, sind für das Leseverständnis sprachliche Kompetenzen höherer Ebene zentral, wobei eine angemessene Lesefertigkeit natürlich eine notwendige Voraussetzung für die Sinnentnahme darstellt. Ein Zugriff auf die Bedeutung des Wortes ist aber erst dann möglich, wenn dem Kind ein entsprechender Eintrag im mentalen Lexikon zur Verfügung steht, also wenn das Wort zu seinem Wortschatz gehört. Auch wenn der Leser die Aussprache der Graphemfolge <Kolophonium> ohne Schwierigkeiten realisieren kann, ist dadurch noch kein Verständnis gewährleistet. Der Wortschatz eines Kindes gehört zu einem der besten Prädiktoren des Leseverständnisses.

Seigneuric / Ehrlich (2005) konnten zeigen, dass der Beitrag semantisch-lexikalischer Fähigkeiten zur Erklärung von Unterschieden im Leseverständnis von der ersten bis zur dritten Klasse kontinuierlich zunimmt. So konnte der Wortschatz der Kinder 21 % der Unterschiede im Leseverständnis der dritten Klasse erklären.

Bedeutung grammatikalischer Fähigkeiten

Auch die Fähigkeit, syntaktische und morphologische Informationen korrekt zu dekodieren, steht in unmittelbarem Zusammenhang mit dem Leseverständnis. Subtile Veränderungen der syntaktischen oder morphologischen Struktur können die Bedeutung eines Satzes wesentlich verändern („Dem Opa schenkt Thomas eine neue Tasse." vs. „Der Opa schenkt Thomas eine neue Tasse."). Aufgrund der bereits genannten Tatsache, dass in der Schriftsprache wesentliche nonverbale Informationsträger nicht zur Verfügung stehen und die Gliederung eines Satzes in einzelne Satzteile nicht durch die Intonation oder durch Pausen unterstützt wird, kommt einem exakten Verständnis grammatikalischer Strukturen beim Lesen noch größere Bedeutung zu als in der lautsprachlichen Kommunikation.

Da der Wortschatz in Geschichten wesentlich abwechslungsreicher ist, seltenere Wörter als in der lautsprachlichen Kommunikation verwendet werden und auch die Syntax häufig komplexer ist, dürften sich Defizite bei der Sprachverarbeitung noch gravierender auswirken als in der Alltagskommunikation.

kognitiv-linguistische Kompetenzen

Die Dekodierung syntaktischer und semantischer Informationen stellt das Verständnis eines Textes aber noch nicht sicher. Mit zunehmender Komplexität der Lesetexte werden für das Leseverständnis kognitiv-linguistische Kompetenzen bedeutsam. Um sich ein Bild von einem Text zu machen, müssen sich die Kinder aktiv damit auseinandersetzen, sie müssen Informationen auf Satz-, Abschnitts- und Textebene miteinander und mit dem eigenen Vorwissen in Beziehung setzen (Klicpera / Gasteiger-Klicpera 1995). Klicpera / Gasteiger-Klicpera (1995) unterscheiden zwischen der Erarbeitung einer Mikro- und einer Makrostruktur eines Textes: Nachdem die Aussagen einzelner Sätze aufeinander bezogen wurden (Mikrostruktur), muss der gesamte Text in eine Makrostruktur gefügt werden.

Schließlich sei noch die Fähigkeit zum **inferenziellen Lesen** genannt. Darunter versteht man die Fähigkeit, implizite, im Text nicht genannte Informationen zu integrieren, zwischen den Zeilen zu lesen, Schlussfolgerungen aus dem Gelesenen zu ziehen, Vorhersagen über den Inhalt zu machen, zweideutige Wörter durch den Kontext richtig zu interpretieren und Kohäsionen korrekt zu verarbeiten. Kohäsionen drücken Beziehungen zwischen Sätzen aus und bewirken, dass Sätze als zusammenhängend betrachtet werden können. Zu den Kohäsionen gehören u. a. Konjunktionen, um z. B. temporale oder kausale Beziehungen auszudrücken, Pronomen, die auf ein Nomen in einem vorangegangenen Satz(teil) verweisen, Instantiationen, mit deren Hilfe ein allgemeiner Ausdruck („das wilde Tier") ein bereits vorher explizit genanntes Lebewesen („Löwe") bezeichnet (Klicpera/Gasteiger-Klicpera 1995) und die Verwendung unterschiedlicher Tempora, um die zeitliche Abfolge einer Handlung abzubilden.

Inferenzbildung

> „Hier rein!' rief Sprotte und riss *die Abteiltür* auf. ‚Schnell, beeilt euch.' *Sie* warf ihre Reisetasche auf einen Sitz, die Jacke auf *den nächsten* und ließ sich selbst auf den Platz am Fenster plumpsen" (Funke 1996, 9).

Ohne dass es im Text explizit erwähnt wird, gelingt es dem Leser zu erfassen, dass sich das Thema um die Platzsuche bei einer Zugfahrt (Signalwort: „Abteiltür") handelt. Ein Verständnis für Kohäsionen ermöglicht es dem Leser zu verstehen, dass mit „sie" die Sprecherin und mit „nächsten" ein Sitz und keine der anderen anwesenden Personen gemeint sind.

Weitere Informationen und Beispiele zu Kohäsionen finden sich unter: *www.cl.uni-heidelberg.de/courses/archiv/ws06/diskurs/KohaesionWu. ppt#280,24* (20.07.2009).

1.4 Sprachentwicklungsgestörte Kinder als Risikogruppe für die Ausbildung von Schriftspracherwerbsstörungen

Was versteht man unter Sprachentwicklungsstörungen?

Aus den vorangegangenen Informationen resultiert die Hypothese, dass sprachlich beeinträchtigte Kinder als Risikogruppe für die Ausbildung von Störungen beim Schriftspracherwerb gelten. Die in diesem Zusammenhang am intensivsten erforschte sprachliche Beeinträchtigung ist die spezifische Sprachentwicklungsstörung (SSES).

Definition

„Unter einer **Spezifischen Sprachentwicklungsstörung** versteht man eine gravierende und überdauernde Beeinträchtigung im Erwerb und der Anwendung linguistischen Wissens, ohne dass diese durch geistige Retardierung, Einschränkung des Hörens, neurologische Schädigung oder extreme Milieuumstände zu erklären ist" (Dannenbauer 2007, 292).

Defizite auf unterschiedlichen Sprachebenen

Hat man in den Anfangsjahren die sprachliche Symptomatik dieser Kinder auf deren grammatikalische Schwierigkeiten reduziert, weiß man heute, dass ein Kind mit einer SSES neben grammatikalischen Schwierigkeiten üblicherweise auch Probleme auf der phonetisch-phonologischen und der semantisch-lexikalischen Ebene hat. Das Erscheinungsbild ist vielfältig und wandelt sich im Laufe der Entwicklung. So treten die ersten Wörter deutlich verspätet auf, der Wortschatz nimmt nur langsam an Umfang zu und bleibt üblicherweise bis ins Jugend- und Erwachsenenalter gering. Im Vorschulalter ist die Aussprache der Kinder aufgrund instabiler phonologischer Strukturen und hartnäckiger Vereinfachungen für Außenstehende oft unverständlich. Im späten Vorschul- und frühen Grundschulalter dominieren üblicherweise die Symptome auf syntaktisch-morphologischer Ebene. Wenn die lautsprachlichen Fähigkeiten im späteren Kindesalter für Laien auch mehr oder weniger unauffällig sind, können weiterhin subtile morphologische Defizite, Schwierigkeiten mit der Organisation von Erzählungen, ein reduziertes Textverständnis etc. nachgewiesen werden.

 Zum Weiterlesen: Motsch (2006; 2009); Dannenbauer (2007).

Prävalenz von Schwierigkeiten beim Schriftspracherwerb bei SSES-Kindern

Seit Ende der 1980er Jahre ist bekannt, dass sprachentwicklungsgestörte Kinder häufig Schwierigkeiten beim Erwerb der Schriftsprache entwickeln. Aufgrund der zentralen Bedeutung der Schriftsprache im Unterricht besteht die Gefahr, dass dadurch auch das schulische Lernen negativ beeinflusst wird (Dannenbauer 2002).

Spracherwerbsgestörte Kinder als Risikogruppe

Catts et al. (1999) konnten bei 70 % der Kinder, die in der zweiten Klasse Leseschwierigkeiten zeigen, bereits im Vorschulalter sprachliche Defizite identifizieren. Etwa die Hälfte der im Vorschulalter als spracherwerbsgestört diagnostizierten Kinder entwickelte in der zweiten bzw. vierten Klasse Schwierigkeiten mit dem Schriftspracherwerb. Die Werte für sprachnormale Kinder lagen bei etwa 8 % (Catts et al. 2002).

> **Kinder mit SSES** gelten als **Risikogruppe** für die Entwicklung von Lese-Rechtschreib-Schwierigkeiten. Sie entwickeln etwa sechsmal so häufig Probleme beim Schriftspracherwerb wie sprachlich unauffällige Altersgenossen.

Kinder, die im Vorschulalter als sprachentwicklungsgestört diagnostiziert wurden, ihre sprachlichen Defizite aber gegen Ende der Kindergartenzeit überwunden hatten, zeigten in Untersuchungen als Gruppe zwar signifikant schlechtere Lesefähigkeiten als eine Kontrollgruppe, aber signifikant bessere Leistungen als die Kinder, deren sprachliche Schwierigkeiten bis zur zweiten Klasse persistierten. Diese Tatsache hat eine praktische Relevanz von nicht zu unterschätzender Bedeutung. Eine frühzeitig einsetzende vorschulische Sprachtherapie kann neben der Überwindung lautsprachlicher Defizite auch präventiv gegen Lese-Rechtschreib-Störungen wirksam werden (Catts 1993).

Bedeutung einer frühen Sprachtherapie

1.5 Zusammenhänge zwischen lautsprachlichen Fähigkeiten, Worterkennung und Leseverständnis

Es wurde bereits beschrieben, dass die Fähigkeit, phonologische Informationen zu verarbeiten, primär mit der Entwicklung der Worterkennung korreliert, während die semantischen und grammatischen Kompetenzen eher mit dem Leseverständnis assoziiert sind. Die genauen Zusammenhänge stellen sich als relativ komplex dar und unterliegen einem Wandel im Laufe der Entwicklung. Zu Beginn des Schriftspracherwerbs lassen sich nur marginale Einflüsse des Wortschatzes und der Grammatik auf das Leseverständnis nachweisen, da der semantische und grammatikalische Anspruch der Texte zu diesem Zeitpunkt noch gering ist und die Texte auch von Kindern mit sprachlichen Beeinträchtigungen ohne Mühen verarbeitet werden können. Zu diesem Zeitpunkt hängt das Leseverständnis primär von der Worterkennung ab, die wiederum von den phonologischen Fähigkeiten beeinflusst wird. Wenn sich die Worterkennung im Laufe der Grundschuljahre weitgehend automatisiert hat und die sprachliche Komplexität von Leseaufgaben zunimmt, stellen dagegen die grammatikalischen und semantischen Fähigkeiten den primären Prognoseindikator für das Leseverständnis dar (Seigneuric / Ehrlich 2005; Catts et al. 2006).

Eine deutliche Bestätigung dieser Annahmen findet sich bei Catts et al. (2006), die die Lesefähigkeit von Kindern in der achten Klasse mit deren sprachlichen Kompetenzen im Vorschulalter in Beziehung gesetzt haben. Die Ergebnisse zeigen, dass bei Kindern mit durchschnittlichen Dekodierfähigkeiten und beeinträchtigtem Leseverständnis vor allem Defizite im Wortschatz und dem Sprachverständnis nachweisbar waren, während bei Jugendlichen mit Schwierigkeiten in der Worterkennung primär Beeinträchtigungen in der phonologischen Informationsverarbeitung festgestellt wurden. Interessanterweise ließen sich diese Muster in den meisten Fällen bereits bei den Überprüfungen im Kindergarten, der zweiten und der vierten Klasse nachweisen.

Für die Praxis bedeutet das, dass bei Kindern mit phonologischen Defiziten in der Förderung primär der Erwerb der Lesetechnik, bei Kindern mit semantisch-lexikalischen und/oder grammatischen Beeinträchtigungen das Leseverständnis fokussiert werden sollte.

Phonologische Defizite beeinträchtigen primär die Entwicklung der Worterkennung, während Defizite auf syntaktisch-morphologischer bzw. semantisch-lexikalischer Ebene vor allem mit Schwierigkeiten beim Leseverständnis assoziiert sind.

1.6 Klassifizierung von Lesestörungen auf der Basis sprachlicher Defizite

„simple-view-of-reading"

Integriert man die Ergebnisse des letzten Kapitels in den Ansatz des „simple-view-of-reading" (Hoover/Gough 1990) besteht die Möglichkeit einer Subgruppenklassifizierung leseschwacher Kinder.

Leseverständnis = Hörverstehen • Dekodierfähigkeit

Nach dem Modell des „simple-view-of-reading" setzt sich das Leseverständnis aus den Komponenten „Worterkennung" und „Hörverstehen" zusammen. Nur wenn beide Komponenten intakt sind, kann sich das Leseverständnis normal entwickeln. Ist aber eine dieser Komponenten beeinträchtigt, muss auch das Leseverständnis betroffen sein. Damit können sowohl semantische und/oder grammatische Defizite als auch eine beeinträchtigte Worterkennung für Schwierigkeiten im Leseverständnis verantwortlich sein.

Subgruppenklassifizierung

Auf der Grundlage des „simple-view-of-reading" und der nachgewiesenen Zusammenhänge zwischen der phonologischen Informationsverarbeitung und der Worterkennung einerseits und den sprachlichen Kompetenzen und dem Leseverständnis andererseits lassen sich leseschwache Kinder in unterschiedliche Gruppen klassifizieren.

- Kinder mit **phonologischen Defiziten** und **durchschnittlichen lautsprachlichen Fähigkeiten** fallen vor allem durch ihre Defizite in der Worterkennung auf. Schwierigkeiten im Leseverständnis lassen sich bei diesen Kindern als Konsequenz der beeinträchtigten Dekodierfähigkeit interpretieren.
- Kinder mit **durchschnittlichen phonologischen Fähigkeiten** und **semantischen und/oder grammatikalischen Defiziten** lassen sich durch eine angemessene Worterkennung und ein beeinträchtigtes Leseverständnis in der Folge ihrer lautsprachlichen Defizite charakterisieren.
- Kinder mit **umfassenden sprachlichen Defiziten** weisen sowohl bei der Worterkennung als auch, unabhängig davon, im Leseverständnis Schwierigkeiten auf.

1.7 Praktische Implikationen

Der Erwerb der Schriftsprache ist eng an lautsprachliche Fähigkeiten gekoppelt. Von besonderer Bedeutung sind die Auswirkungen unterschiedlicher sprachlicher Beeinträchtigungen auf die Worterkennung und das Leseverständnis.

Bedeutung unterschiedlicher sprachlicher Fähigkeiten

Die vorangegangenen Ausführungen legen Konsequenzen für die Diagnostik und Förderung sowie die Praxis der Identifizierung von Risikokindern nahe. Was den zuletzt genannten Punkt angeht, ist im deutschsprachigen Raum derzeit eine starke Fokussierung auf die phonologische Bewusstheit zu konstatieren (Jansen et al. 2002; Hartmann / Dolenc 2005). Aufgrund der bedeutenden Rolle des Wortschatzes und der Grammatik für das Leseverständnis könnte durch die Integration von Überprüfungen der grammatischen und semantischen Fähigkeiten vermutlich eine zuverlässigere Prognose erreicht werden. Dies ist von besonderer Bedeutung, da diese Defizite bei leseschwachen Kindern häufiger nachweisbar sind als Defizite in der phonologischen Informationsverarbeitung.

Konsequenzen für die Diagnostik

So konnten in der Arbeit von Catts et al. (1999) bei 22 % der leseschwachen Kinder Defizite im Bereich Grammatik, Wortschatz und Sprachverständnis nachgewiesen werden, während „nur" bei 14,3 % der Kinder ausschließlich Defizite in der phonologischen Informationsverarbeitung festgestellt wurden (37 % der Kinder hatten in beiden Bereichen Schwierigkeiten).

Was die Förderpraxis angeht, kann eine fundierte Diagnostik in effektivere Maßnahmen münden. Kinder mit beeinträchtigter phonologischer Informationsverarbeitung benötigen Maßnahmen, die die phonologische Bewusstheit sowie die Genauigkeit und Geschwindigkeit der isolierten Worterkennung fokussieren. Diese Maßnahmen stellen eine notwendige, für Kinder mit durchschnittlichen semantischen und grammatischen Fä-

Konsequenzen für die Förderung

higkeiten evtl. sogar hinreichende Voraussetzung für die Entwicklung des Leseverständnisses dar. Für Kinder mit Defiziten in den Bereichen Sprachverständnis, Grammatik und Wortschatz ist diese Förderung aber nicht ausreichend. Sie benötigen Fördermaßnahmen, die lautsprachliche Kompetenzen weiterentwickeln und Strategien vermitteln, die das Leseverständnis positiv beeinflussen.

Stothart/Hulme (1992) betonen, dass sich die Förderung dieser Kinder nicht ausschließlich auf schriftsprachliches Material reduzieren darf, sondern dass es einer Intervention bedarf, die Wortschatzfähigkeiten, Hörverstehen und expressive lautsprachliche Kompetenzen fokussiert. In diesem Sinn stellt eine **frühe Intervention im Bereich Grammatik und Lexikon** eine effektive Präventionsmaßnahme gegen die Ausbildung von Schriftspracherwerbsstörungen dar.

Aufgrund der häufigen Koexistenz von Förderbedarf in mehreren Bereichen muss die Förderung im Erstleseunterricht möglichst umfassend ausgerichtet sein. Ein Training basaler kognitiver Voraussetzungen (insbesondere der phonologischen Informationsverarbeitung) und lautsprachlicher Kompetenzen, Maßnahmen zur Verbesserung der Worterkennung und ein spezifisches Training des Leseverständnisses müssen im Unterricht neben der Förderung der orthographischen Fähigkeiten und des schriftsprachlichen Ausdrucks unter einem Dach integriert werden. Entsprechende Möglichkeiten werden in Kap. 5 skizziert.

2 Der ungestörte Schriftspracherwerb

2.1 Allgemeines

Die frühe Forschung zum Schriftspracherwerb ging davon aus, dass es sich beim Lesen- und Schreibenlernen um einen zeitlich begrenzten, in sich geschlossenen Lernprozess handelt, bei dem anfänglich erworbene Fähigkeiten sukzessive perfektioniert werden. Heute weiß man, dass es sich um einen Entwicklungsprozess handelt, der sich in unterschiedliche Phasen gliedern lässt. Frith (1986) betonte bereits in den 1980er Jahren, dass der Schriftspracherwerb kein linearer Vorgang ist, bei dem das Kind von Anfang an dasselbe Verständnis von Schriftsprache hat wie Erwachsene, sondern dass das kognitive System während des Schriftspracherwerbs qualitativen Umstrukturierungen unterworfen ist.

Schriftspracherwerb als Entwicklungsprozess

Auf der Grundlage dieser Annahme und der Analyse kindlicher Schreib- und Leseversuche wurden auch für den deutschsprachigen Raum zahlreiche Entwicklungsmodelle entworfen. Diese stimmen in ihren Grundzügen überein und lassen sich vor allem in der Terminologie und Differenziertheit einzelner Phasen unterscheiden. Tab. 2 gibt einen Überblick über einige Entwicklungsmodelle.

Entwicklungsmodelle

Vor der Skizzierung der einzelnen Phasen sei auf einige wesentliche Aspekte hingewiesen.

Die Entwicklungsmodelle beschreiben schriftsprachliche Kompetenzen nicht umfassend, sondern fokussieren die kontextfreie Verarbeitung von Wörtern. Das Leseverständnis und der schriftsprachliche Ausdruck werden in den Modellen nicht berücksichtigt. Dadurch wird bereits deutlich, dass der **kontextfreien Worterkennung** beim Erwerb der Schriftsprache eine zentrale Bedeutung zukommt.

Fokussierung der Verarbeitung isolierter Wörter

Auch in der Literatur lassen sich zahlreiche Hinweise darauf finden, dass sich leseschwache Kinder am besten durch ihre beeinträchtigte Worterkennung charakterisieren lassen (Ehri/Wilce 1983; Torgesen et al. 1997).

Die für die einzelnen Stufen typischen Strategien dürfen nicht als streng voneinander zu trennende Phasen interpretiert werden. Sie entwickeln sich zum Teil parallel und überlappen sich. Klicpera et al. (2007, 26) betonen,

keine streng trennbaren Phasen

Tab. 2: Entwicklungsmodelle zum Schriftspracherwerb

Frith 1986	Günther 1986	Scheerer-Neumann 1987 (zit. nach Valtin 2000)	Ehri 1992	Klicpera et al. 2003	Kirschhock 2004
	präliteral-symbolische Phase	Nachahmung äußerer Verhaltensweisen			präliteral-symbolische Strategie
logographisch	logographemische Phase	Kenntnis einzelner Buchstaben anhand figurativer Merkmale	visual-cue-reading (pre-alphabetic phase)	präalphabetische Phase (rudimentäre logographische Phase)	logographemische Strategie
alphabetisch	alphabetische Phase	– beginnende Einsicht in den Buchstaben-Laut-Bezug – Einsicht in den Buchstaben-Laut-Bezug	phonetic-cue-reading (rudimentary alphabetic phase, partial alphabetic phase)	alphabetische Phase mit geringer Integration	alphabetische Strategie – beginnende – teilweise entfaltete – weitgehend entfaltete – voll entfaltete
orthographisch	orthographische Phase	Verwendung orthographischer bzw. sprachstruktureller Elemente	full alphabetic phase	partiell lexikalisches Lesen	orthographische Strategie – beginnende – teilweise entfaltete – weitgehend entfaltete – voll entfaltete
	integrativ-automatisierte Phase	Automatisierung von Teilprozessen	consolidated-alphabetic-reading (cipher-sight-word-reading)	alphabetische Phase mit voller Integration	

dass ihr „Kompetenzentwicklungsmodell" „weniger eine eindeutige Abfolge bestimmter Entwicklungsphasen [vorsieht], sondern sich an den wesentlichen Lesekompetenzen [orientiert], die im Lauf der Entwicklung zu erwerben sind". Auch Günther (1986) betont, dass es Überlappungen und fließende Übergänge gibt. So wäre es ein Trugschluss anzunehmen, dass Kinder Wörter zunächst ausschließlich mit Hilfe der alphabetischen Strategie aufschreiben, bevor sie sukzessive orthographische Konventionen anzuwenden lernen. Die Ergebnisse der Wiener Längsschnittstudie (zit. nach Klicpera et al. 2007, 33) zeigen vielmehr „dass die beträchtliche Verbesserung der Rechtschreibfertigkeit vom Ende der ersten bis zum Ende der vierten Klasse mit einer steten und gleichmäßigen Reduktion beider Fehlerarten [i. e. phonologische und orthographische Fehler; A. M.] einhergeht." Auch Costard (2007) geht davon aus, dass sich die unterschiedlichen

Strategien von Beginn an gleichzeitig entwickeln und sich wechselseitig positiv beeinflussen. Während häufig vorkommende Wörter bereits sehr früh auf automatisiertem Weg verarbeitet werden und orthographisch richtig geschrieben werden, werden unvertraute Wörter auch später noch mittels alphabetischer Strategie gelesen und geschrieben.

Obwohl die Bedeutung der phonologischen Informationsverarbeitung für einen erfolgreichen Schriftspracherwerb stets betont wird, wird in keinem der Entwicklungsmodelle explizit darauf Bezug genommen. So beschreiben Klicpera et al. (2007, S. 21) die metalinguistische Bewusstheit zwar als Vorläuferfertigkeit des Schriftspracherwerbs, ohne dass die Zusammenhänge jedoch spezifiziert oder in ihr Modell integriert würden. Auch die Bedeutung der beiden anderen Funktionen der phonologischen Informationsverarbeitung für den Schriftspracherwerb (Benennungsgeschwindigkeit und phonologisches Arbeitsgedächtnis) wird in keinem der Modelle erwähnt.

keine Berücksichtigung der phonologischen Informationsverarbeitung

Im Folgenden wird versucht, die Entwicklung der Lese-Rechtschreib-Fähigkeiten unter Berücksichtigung der wichtigsten Modelle zu skizzieren, sowie die Einflüsse der phonologischen Informationsverarbeitung und der lautsprachlichen Fähigkeiten zu integrieren.

Ein Überblick über verschiedene Entwicklungsmodelle findet sich im Internet unter: *spzwww.uni-muenster.de/~griesha/eps/els/stufen/index.html* (31.05.2009)

2.2 Präliterale Vorläuferfähigkeiten

Ergänzend zum Modell von Frith (1986) werden von Günther (1986) präliteral-symbolische Voraussetzungen für einen erfolgreichen Schriftspracherwerb betont. Scheerer-Neumann (1987, zit. nach Valtin 2000) und Kirschhock (2004) bezeichnen eine entsprechende Phase allgemein als „Nachahmen äußerer Verhaltensweisen", in Bezug auf das Lesen als „Als-ob"-Vorlesen und auf das Schreiben als „Kritzeln". Auf der Ebene der Rezeption stellt die Fähigkeit, Bilder(-bücher) zu betrachten und daraus Informationen zu entnehmen, das zentrale Element dar. Im Vergleich zur Betrachtung eines realen Gegenstandes wird dieser im Buch nur abgebildet und es findet eine Reduktion auf zweidimensionale Flächen statt, sodass ein höheres Maß an Abstraktionsfähigkeit gefordert ist. Da der Gegenstand selbst dargestellt wird und keine Symbolisierung stattfindet, bleiben diese Erfahrungen aber präliteral. Der bildlichen Wahrnehmung kommt eine vermittelnde Funktion zwischen präliteraler und literaler Tätigkeit zu (Günther 1986).

Bedeutung der Bilderbuchbetrachtung

Anregungen, wie die Bilderbuchbetrachtung im Kindergarten und Unterricht gewinnbringend eingesetzt werden kann, finden sich bei Ulich (2003).

produktive Gestaltungen

Diese zunächst rezeptiven Erfahrungen provozieren Gestaltungen auf produktiver Seite. Das Kind beginnt aufgrund motorischer Schwierigkeiten noch recht unvollkommene Bilder zu malen und seinen Bildern eine Bedeutung zu geben. Diese Tätigkeiten bereiten unmittelbar auf das spätere Schreiben vor. Neben der Weiterentwicklung der feinmotorischen Fähigkeiten kann ein Verständnis für die Symbolhaftigkeit der Schriftsprache angebahnt werden, da die Darstellungen der Kinder in dieser Phase eher symbolisch und wenig realistisch sind. „Wesentlich ist, dass *das Kind* seinen Bildern oder präliteralen Schriftstücken eine Bedeutung verleiht" (Osburg 1997, 80; Hervorhebung i. O.).

 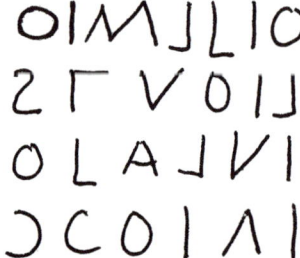

Abb. 5: „Schreibprobe" eines Kindes in der präliteral-symbolischen Phase (Crämer/Schuhmann 2002, 274)

Abb. 6: Schreibprobe aus der späten präliteralen Phase

Anregungen für die Förderung im Rahmen der präliteral-symbolische Phase liefert Ulich (2003). Der Beitrag findet sich im Internet unter *www.kindergarten-heute.de/beitraege/fachbeitraege/paedagogik_html?k_onl_struktur =729519&einzelbeitrag=817655&archivansicht=1* (11.05.2009).

qualitative Veränderungen

Gegen Ende dieser Phase sind sowohl im Bereich Rezeption als auch auf der Ebene der Produktion qualitative Veränderungen zu erkennen. Im Vergleich zur Schreibprobe in Abb. 5 fallen in Abb. 6 insbesondere die lineare Anordnung, die Verwendung kleinerer buchstabenähnlicher Zeichen und die Bedeutungszuweisung ins Auge, da Julia hier nach eigenen Angaben eine Einkaufsliste geschrieben hat.

Auf der rezeptiven Ebene können die Veränderungen nun als „So-tun-als-ob-Lesen" (Kirschhock 2004, 304) bezeichnet werden. Dabei fällt eine deutlich ausgeprägte Prosodie auf. Das Kind achtet auf grammatikalisch wohlgeformte, vollständige Sätze, es baut direkte Rede ein und spricht deutlicher und langsamer. Zum Teil wird mit dem Finger auch bereits die Leserichtung angedeutet.

Die **Bilderbuchbetrachtung** im Vorschulalter ist aber nicht nur für den zukünftigen Schriftspracherwerb von Bedeutung. In der Literacy-Forschung wird das Bilderbuch als das zentrale Medium der frühkindlichen Sprachförderung betont (Ulich 2003), da die Kinder im Bilderbuch mit komplexeren syntaktischen Strukturen und einem differenzierteren Wortschatz konfrontiert werden als in der Alltagssprache. Ein einziger Satz aus einem Klassiker der Kinderliteratur kann dies belegen (Preussler 2005, 43):

Bedeutung der Bilderbuchbetrachtung für den Spracherwerb

> „Ganz hinten, im allerentlegensten Winkel des Marktes, stand stumm und traurig ein blasses Mädchen mit einem Korb voll Papierblumen."

Werden die Kinder motiviert, sich zum Inhalt der Geschichte zu äußern und Vermutungen über den Fortgang der Geschichte zu formulieren, kann die Sprechfreude geweckt und die Sprachkompetenz gefördert werden.

Aufgrund des engen Zusammenhangs zwischen laut- und schriftsprachlichen Fähigkeiten (Kap. 2) kommt der dialogischen Bilderbuchbetrachtung in dieser Phase neben ihrer Bedeutung für die Sprachentwicklung eine nicht zu unterschätzende präventive Funktion in Bezug auf die Ausbildung von Lese-Rechtschreib-Störungen zu.

Wie das Medium Bilderbuch im Unterricht zur gezielten Sprachförderung eingesetzt werden kann, beschreibt Mayer (2007).

Kindern in der präliteral-symbolischen Phase gelingt es nun auch sukzessive ihre Aufmerksamkeit auf die **Klanggestalt der Sprache** zu lenken, was sich in einer zunächst noch unbewussten, impliziten Fähigkeit zeigt, Reime zu erkennen, zu produzieren und Wörter in Silben zu segmentieren. Es handelt sich also um die Fähigkeit, die als „phonologische Bewusstheit im weiteren Sinn" (Skrowonek/Marx 1989, 42) bezeichnet wird und der zumindest eine unterstützende Funktion beim Lesen- und Schreibenlernen zugesprochen wird. Diese Fähigkeit kann in der präliteral-symbolischen Phase erfolgreich angebahnt werden. Hier ist es vor allem die Begegnung mit Liedern, Sprech- und Fingerspielen, die eine Bewusstheit für den Klang der Sprache evozieren kann.

erste Anzeichen einer phonologischen Bewusstheit

Praktische Spielvorschläge finden sich bei Scharff-Kniemeyer (2008).

2.3 Logographemische Strategie

Der Wechsel von der präliteral-symbolischen zur logographemischen Phase wird üblicherweise durch die Motivation zum Lesen ausgelöst.

„visual-cue-reading"

Das zentrale Charakteristikum dieser Strategie ist die rein visuelle Vorgehensweise. Die Kinder bilden Assoziationen zwischen visuellen Merkmalen der Graphemfolge und der Bedeutung des Wortes. Dabei prägen sie sich keine vollständigen Buchstabenfolgen ein, sondern identifizieren Wörter an hervorstechenden Merkmalen, wie der Wortlänge oder auffälligen Buchstaben. Ehri bezeichnet diese Strategie als „visual-cue-reading" (1992, 124). Da der auswendig gelernte „Sichtwortschatz" aus unsystematischen Verknüpfungen zwischen dem Wortbild und der Bedeutung des Wortes besteht, sind diese Assoziationen nicht sonderlich stabil und werden schnell wieder vergessen oder mit visuell ähnlichen Wörtern verwechselt (Ehri 1992).

Embleme und Logos erkennen

In diese Phase fällt auch die Fähigkeit, Firmenembleme oder Markenlogos zu erkennen. Dass es sich tatsächlich um eine unmittelbare Assoziation zwischen visuellen Charakteristika und der Bedeutung handelt, belegen einige Forschungsergebnisse, die von Ehri (1992) und Klicpera / Gasteiger-Klicpera (1995) zusammengefasst werden. So ist ein Großteil der Kinder auf dieser Stufe nicht mehr in der Lage, die Zeichen im normalen Buchstabenformat, also ohne die charakteristischen visuellen Merkmale, zu benennen. Auf der anderen Seite bemerken die Kinder oft nicht, wenn die Reihenfolge der Buchstaben vertauscht wird, solange die wesentlichen visuellen Charakteristika erhalten bleiben.

produktive Versuche

Die Kinder probieren ihre ersten Lesekenntnisse auch produktiv aus. Der eigene und der Name enger Bezugspersonen stellen dabei oft das erste Experimentierfeld dar. Auch hier geht das Kind rein visuell vor. Ohne dass das Wort auditiv analysiert würde, werden einige visuelle Merkmale aus dem Gedächtnis wiedergegeben. Typische Merkmale der logographemischen Strategie beim Schreiben sind die enge Orientierung am ersten Buchstaben des Wortes, der üblicherweise immer korrekt wiedergegeben wird, die ausschließliche Verwendung von Buchstaben, die tatsächlich im Wort vorkommen, und die mangelnde Beachtung der Buchstabenreihenfolge (Günther 1986).

logographemische Strategie im deutschsprachigen Raum

Entwicklungsmodelle zum Schriftspracherwerb haben ihren Ursprung im angloamerikanischen Raum. Aufgrund der unterschiedlichen Regelmäßigkeit der PGK und der daraus resultierenden unterschiedlichen Methoden im Rahmen des Erstleseunterrichts wurden immer wieder Zweifel an deren allgemeiner Gültigkeit geäußert. Insbesondere die Existenz der logographemischen Strategie wird in Frage gestellt. So gehen Wimmer / Hummer (1990) davon aus, dass die logographemische Strategie weniger eine natürliche Entwicklungsstufe darstellt, sondern vielmehr den Anfangsunterricht in englischsprachigen Ländern widerspiegelt. Da das synthetisierende Lesen aufgrund der unregelmäßigen Graphem-Phonem-Zuordnung dort oft nicht zum Erfolg führt, werden die Kinder angeleitet, sich Wörter anhand ihrer visuellen Merkmale einzuprägen.

In Ländern mit transparenteren Orthographien dagegen erlernen die Kinder von Anfang an das phonologische Rekodieren, da dies in den meisten Fällen zu einem richtigen Ergebnis führt. Wimmer/Hummer (1990) konnten bei deutschsprachigen Kindern Mitte der ersten Klasse kaum Belege für die Existenz einer logographemischen Strategie identifizieren. Die meisten Kinder waren bereits wenige Monate nach Schuleintritt in der Lage, Pseudowörter korrekt zu lesen, eine Fähigkeit, die nur durch Anwendung des alphabetischen Prinzips möglich ist. Die logographemische Strategie dürfte sich ausschließlich auf das Vorschulalter beschränken, wenn bekannte Firmenlogos benannt und auf der produktiven Seite mit dem eigenen und dem Namen von Bezugspersonen experimentiert wird. Auch Klicpera et al. (2007) sprechen von einer möglichen, aber nicht zwingend auftretenden kurzen rudimentären Phase logographischen Lesens in der Vorschulzeit. Nach Schuleintritt sei diese nur bei sehr wenigen Kindern und auch nur von geringer Dauer zu beobachten.

2.4 Alphabetische Strategie

Entsprechend stellt der Erwerb der alphabetischen Strategie für Kinder im deutschsprachigen Raum die erste Hürde beim Erwerb der Schriftsprache dar.

Kern dieser Operationsweise ist das Erlernen der PGK, des phonologischen Rekodierens und des lautgetreuen Aufschreibens. Die Kinder bilden systematische Assoziationen zwischen der Graphemfolge und der Phonologie des Wortes aus, während vorher die arbiträre Verknüpfung des Wortbildes mit der Bedeutung ausschlaggebend war.

In Anlehnung an Coltheart (1978) kann diese Strategie als indirekter Leseweg oder als **phonologisches Rekodieren** bezeichnet werden (Abb. 7).

indirekte Lesestrategie

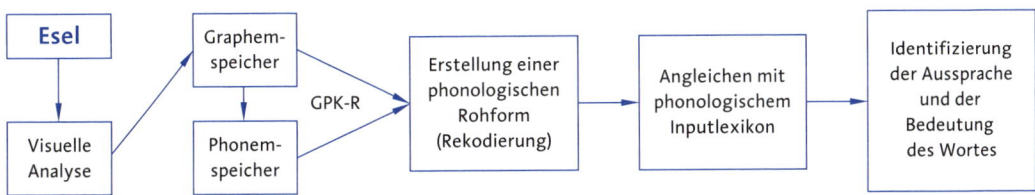

Abb. 7: Der indirekte Leseweg (nach Coltheart 1978)

Beim indirekten Leseweg werden die einzelnen Buchstaben eines Wortes auf der Grundlage der erlernten Graphem-Phonem-Korrespondenz-Regeln (GPK-R) in Laute umgewandelt und zu einer Lautfolge synthetisiert. Eine phonologische Rohform wird erstellt, die aufgrund koartikulatorischer Prozesse und den vor allem bei Vokalen nicht eindeutigen Korrespondenzen mit der tatsächlichen Artikulation des Wortes nicht identisch sein muss. Leseanfänger bilden auf der Grundlage der gelernten Zuordnungsregeln (z. B. <e> = [e:]) zunächst eine künstlich synthetisierte Aneinanderreihung von Lauten. Aufgrund der hohen Regelmäßigkeit der GPK in der deutschen Schriftsprache kommt diese Lautfolge der korrekten Aussprache aber üblicherweise recht nahe. Zum Teil wird die tatsächliche Aussprache erst durch den Vergleich mit Einträgen im mentalen Lexikon erkannt. Dies setzt voraus, dass die generierte Aussprache der Zielartikulation nicht zu unähnlich war und das Wort zum Wortschatz des Kindes gehört. Ist das nicht der Fall, kann zwar eine annähernd korrekte Aussprache generiert werden, der Zugriff auf die Bedeutung ist aber zum Scheitern verurteilt (siehe „Kolophonium", Kap. 1.3).

Komplexität der indirekten Lesestrategie

Aufgrund der Komplexität in der Graphem-Phonem-Zuordnung (Abb. 1) müssen bei der phonologischen Rekodierung zunächst die Graphemeinheiten identifiziert werden, die einem Laut entsprechen („parsing", z. B. *Sch –uh*), bevor diesen Einheiten ein Laut zugeordnet werden kann. Da die tatsächliche Aussprache zudem häufig erst durch den parallelen Zugriff auf die Semantik des Wortes entschieden werden kann (z. B. „Die Schindeln des *Dachs* sind rot" vs. „Der *Dachs* ist ein seltenes Tier", Costard 2007), muss auch „bei einer prälexikalischen phonologischen Rekodierung das mentale Lexikon konsultiert und die ermittelte Aussprache verifiziert werden" (Klicpera/Gasteiger-Klicpera 1995, 19). Damit ist die Vorgehensweise beim indirekten Leseweg wesentlich komplexer, als Abb. 7 verdeutlichen kann.

Zwischenschritte

Der Erwerb der alphabetischen Strategie funktioniert nicht nach einem „Alles-oder-nichts-Prinzip". Sowohl beim Lesen als auch beim Schreiben können Zwischenschritte identifiziert werden, bis Kinder das lautgetreue Aufschreiben und die phonologische Rekodierung perfektioniert haben. Dies veranlasste einige Autoren, die alphabetische Phase in Zwischenstadien zu gliedern.

Ehri

Ehri (1992) differenziert zwischen einer „rudimentary alphabetic phase", in der sich die Kinder nur an einigen PGK orientieren, um ein Wort zu erlesen, und einer „full alphabetic phase", in der das alphabetische Prinzip in Perfektion angewandt wird.

Scheerer-Neumann

Scheerer-Neumann (1987, zit. nach Valtin 2000) gliedert die alphabetische Phase in ein Stadium „Beginnende Einsicht in den Buchstaben-Laut-Bezug" und ein Stadium „Einsicht in die Buchstaben-Laut-Beziehung". Sie konkretisiert diese Phasen für die Produktion als „Skelettschreibungen", in denen Anlaute oder prägnante Laute eines Wortes geschrieben werden oder jede Silbe durch einen Buchstaben markiert wird, und „Phonetische Schreibungen", bei denen die Kinder auf der Grundlage ihrer eigenen Artikulation jeden Laut durch ein entsprechendes Graphem wiedergeben, wobei auch häufig dialektale Besonderheiten deutlich werden (z. B. <buach> für „Buch" oder <isch> für „ich").

Auch Klicpera et al. (2007, 27) identifizieren in dieser „alphabetische[n] Phase mit geringer Integration" Schreibweisen, bei der jede Silbe durch einen Buchstaben dargestellt wird, während später phonetische Merkmale verschriftet werden, die von Erwachsenen gar nicht mehr wahrgenommen werden (z. B. Auslautverhärtung).

Noch differenzierter sind die Entwicklungsschritte bei Kirschhock (2004). Verschriften die Kinder zu Beginn dieser Phase oft nur den Anfangslaut oder einen besonders prägnanten Laut eines Wortes („beginnende alphabetische Strategie"), so werden die lautgetreuen Schreibweisen über Skelettschreibweisen („teilweise entfaltete alphabetische Strategie") in der Folge immer genauer, bis auch die durch Vorsprechen und Abhören eines Wortes vorkommenden Zwischenlaute und dialektale Charakteristika wiedergegeben werden („voll entfaltete alphabetische Strategie").

Die Entwicklung des Lesens beschreibt Kirschhock (2004) folgendermaßen: Ausgehend von der „beginnenden alphabetischen Strategie", bei der einzelne Buchstabennamen und Laute benannt werden und Wörter aufgrund des Kontextes erraten werden, gelingt es mit der „teilweise entfalteten alphabetischen Strategie", erste Buchstaben zu synthetisieren, und mit der sich anschließenden „weitgehend entfalteten alphabetischen Strategie", ein Wort vollständig zu synthetisieren. Die „voll entfaltete alphabetische Strategie" mit der sicheren Anwendung der indirekten Lesestrategie bildet den Abschluss dieser Phase.

Genauere Informationen zur Studie von Kirschhock finden sich im Internet unter *www.opus.ub.uni-erlangen.de/opus/volltexte/2004/55/index.html* (31.05.2009).

In der alphabetischen Phase werden die Zusammenhänge zwischen dem Schriftspracherwerb und der phonologischen Bewusstheit besonders deutlich. Während sich in der präliteral-symbolischen Phase üblicherweise eine eher implizite Bewusstheit für formale Aspekte der Lautsprache ausbildet, entwickelt sich durch die systematische Auseinandersetzung mit der Schriftsprache ein Bewusstsein für die kleinsten bedeutungsunterscheidenden Einheiten der Lautsprache, den Phonemen. Durch das systematische Erlernen des alphabetischen Prinzips gelingt es dem Kind immer besser, die einzelnen Laute im Sprachschall zu identifizieren und bewusst damit umzugehen. Auf der anderen Seite wirkt sich die Fähigkeit zur Phonemanalyse und Phonemsynthese positiv auf das Lesen und Schreiben in der alphabetischen Phase aus.

Bedeutung des phonologischen Arbeitsgedächtnisses

Auch die Bedeutung des phonologischen Arbeitsgedächtnisses wird bei der Anwendung der alphabetischen Strategie deutlich. Um die Aussprache eines Wortes zu generieren, müssen die bereits verarbeiteten Buchstaben im Arbeitsgedächtnis zwischengespeichert werden, während die übrigen noch verarbeitet werden. Beim Schreiben müssen die bereits verschrifteten Laute zwischengespeichert werden, während die folgenden noch umgewandelt werden müssen.

erste Anwendung orthographischer Besonderheiten

Am Ende dieser Phase kommt es auf der Ebene der Produktion bereits manchmal zur Anwendung orthographischer Regeln, die aber noch inkonstant verwendet werden. Während Kinder zu Beginn der alphabetischen Phase noch <Fata><Muta>, <liba> etc. schreiben, lernen sie durch die intensive Konfrontation mit orthographisch korrekten Schreibungen und einen entsprechend gestalteten Unterricht vor allem häufig vorkommende Wörter orthographisch korrekt zu verschriften. Zwischen der alphabetischen und der orthographischen Phase sind typischerweise **Übergeneralisierungen** zu beobachten: Aus <Sofa>, <Opa> und <Oma> werden nicht selten <Sofer>, <Oper>, und <Omer>. Diese Schreibweisen dürfen von Lehrkräften nicht als Rückschritt, sondern sollten als Fortschritt interpretiert werden, da die Kinder offensichtlich beginnen, orthographische Besonderheiten zu berücksichtigen.

> Für Lehrkräfte in der Praxis sind vor allem die **Zwischenschritte innerhalb der alphabetischen Phase** relevant. Kinder benötigen für die Ausbildung der alphabetischen Strategie Zeit und sollten nicht vorschnell mit orthographischen Besonderheiten konfrontiert werden. Lehrkräften stellt sich die anspruchsvolle Aufgabe, die skizzierten Entwicklungsschritte zu kennen, um individuelle Lernfortschritte der Kinder würdigen und ihnen Lernaufgaben aus der Zone der nächsten Entwicklung anbieten zu können.

Gründe für einen Strategiewechsel

Aufgrund der Tatsache, dass das phonologische Prinzip der deutschen Orthographie durch andere Prinzipien überlagert wird (Tab. 1), kommt es in der alphabetischen Phase, in der die Kinder das phonologische Prinzip als Grundstrategie des Schreibens erlernen, zwangsläufig zu Rechtschreibfehlern. Die parallele Erfahrung von korrektem Schriftbild und abweichender eigener Schreibung ist eine denkbare Erklärung für einen Strategiewechsel (Günther 1986). Die alphabetische Strategie zeigt ihre Unzulänglichkeit jedoch vor allem auf rezeptiver Seite. Auch wenn Kinder unbekannte Wörter genau erlesen können, bündelt die indirekte Strategie ein so hohes Maß kognitiver Ressourcen und beansprucht das Arbeitsgedächtnis so stark, dass für die Sinnentnahme oft zu wenig Kapazitäten zur Verfügung stehen. Es handelt sich um eine sichere, aber unökonomische Strategie.

Der Wechsel zur orthographischen Phase findet deshalb üblicherweise zunächst auf der Ebene der Rezeption statt, wenn das mühevolle, langsame phonologische Rekodieren zugunsten der direkten, automatisierten Worterkennung abgebaut wird.

2.5 Orthographische Strategie

Die zentrale Fähigkeit, die ein Kind in dieser Phase erwirbt, ist die ganzheitliche Verarbeitung größerer Einheiten der Schriftsprache (Morpheme, Silben, häufig vorkommende Graphemfolgen), sodass es nicht mehr auf die Analyse und Synthese einzelner Buchstaben bzw. Laute angewiesen ist. Dieser Strategiewechsel oder vielleicht besser Strategieergänzung – da dem Kind die alphabetische Strategie vor allem bei unvertrauten Wörtern nach wie vor zur Verfügung steht – ermöglicht die Automatisierung des Lese- und Schreibprozesses und stellt den entscheidenden Schritt auf dem Weg zum kompetenten Leser dar.

<sidenote>simultane Verarbeitung schriftsprachlicher Einheiten</sidenote>

Abb. 8: Der direkte Leseweg (nach Coltheart 1978)

Diese Fähigkeit wird von Coltheart (1978) als „direkter Leseweg" bezeichnet. In der Folge der wiederholten phonologischen Rekodierung von Wörtern gelingt es dem Kind, Repräsentationen derselben im Langzeitgedächtnis auszubilden, sodass schließlich einige charakteristische Eigenschaften der Buchstabensequenz ausreichend sind, um die Phonologie und die Bedeutung des vollständigen Wortes zu aktivieren.

<sidenote>direkte Lesestrategie</sidenote>

Die Frage, welche Eigenschaften eines Wortes die entsprechende Repräsentation im orthographischen Wortformspeicher aktivieren und welche Bedeutung der Phonologie dabei zukommt, wird unterschiedlich beantwortet.

Das ursprüngliche Lesemodell von Coltheart (1978) nahm einen visuell-semantischen Weg an, der sich durch eine arbiträre Verknüpfung zwischen dem Wortbild und der Bedeutung charakterisieren lässt. Der phonologische

visuell-semantische Assoziationen?

Code wird erst nach dem Zugriff auf die Semantik aktiviert, was Klicpera / Gasteiger-Klicpera (1995, 18) als „postlexikalische phonologische Rekodierung" bezeichnen. Damit entspräche diese Vorgehensweise aber der logographemischen Strategie und würde eher einen Rück- denn einen Fortschritt darstellen.

visuell-phonologische Assoziationen

Ehri (1992) entwickelte ein alternatives Modell, das von systematischen Assoziationen zwischen schriftsprachlichen Einheiten und der Phonologie ausgeht.

sukzessive Vergrößerung simultan verarbeiteter Einheiten

Der zentrale Lernschritt besteht nun darin, diese Einheiten kontinuierlich zu vergrößern. Während zu Beginn die systematische Verknüpfung zwischen Buchstaben und Lauten im Mittelpunkt steht, werden im Laufe der ersten Schuljahre Assoziationen zwischen Silben, Morphemen, häufig vorkommenden Graphemfolgen und ganzen Wörtern und der entsprechenden Phonologie ausgebildet. Insbesondere die Assoziationen zwischen sublexikalischen Einheiten und deren Phonologie tragen zur Automatisierung des Leseprozesses bei, da sie nicht an einzelne Wörter gebunden sind, sondern die Erkennung zahlreicher Wörter lenken können. So ist ein Kind, das die Graphemfolge <iege> ganzheitlich verarbeiten kann, ohne größere Probleme auch in der Lage, die Wörter „Ziege, „Liege", „Wiege", „siegen" etc. zu benennen. An eine derartige Phase denken auch Klicpera et al. (2007) und bezeichnen sie als „partiell lexikalisches Lesen". Die steigende Worterkennungsgeschwindigkeit hängt damit zusammen, dass „Teilprozesse der Informationsverarbeitung durch günstigere ‚Bündelung' von Einheiten beschleunigt werden […]. So kann etwa als Fortführung des buchstabenweisen Rekodierens der Verarbeitungsprozess auf Basis größerer schriftsprachlicher Strukturen […] vor sich gehen" (Klicpera et al. 2007, 29).

Konsequenzen für den Unterricht

Diese Annahmen haben unmittelbare Konsequenzen für die Praxis des Lese- und Rechtschreibunterrichts. Kinder mit Schwierigkeiten in der Ausbildung der direkten Worterkennung dürften wenig von einem unsystematischen „Viellesen" profitieren. Effektiver ist die Anbahnung systematischer visuell-phonologischer Assoziationen durch das wiederholte Lesen desselben Wortmaterials. Dabei kommt der sukzessiven Vergrößerung der Einheiten, die simultan verarbeitet werden können, eine wesentliche Bedeutung zu. Bevor die Kinder ganze Wörter ganzheitlich erkennen, bietet es sich an, den Fokus auf sublexikalische Einheiten (häufig vorkommende Graphemfolgen, Vor- und Nachsilben) zu richten.

Diese Annahmen werden im Kapitel zur Förderung der direkten Worterkennung eine zentrale Rolle spielen. Ein ausgearbeitetes Förderprogramm findet sich bei Mayer (2009a).

Wenn die orthographische Strategie auch zunächst auf der Ebene der Rezeption zu beobachten ist und keinesfalls ausschließlich mit dem Erwerb der korrekten Orthographie gleichgesetzt werden kann, ist die Anwendung dieser Strategie beim Erlernen des Rechtschreibens unverzichtbar (Günther 1986). Aufgrund der Tatsache, dass die GPK beim Lesen eindeutiger ist als die PGK beim Schreiben, stellt das Erlernen der korrekten Orthographie einen längeren Entwicklungsprozess dar und ist auch nach Beendigung der Grundschule üblicherweise noch nicht abgeschlossen.

Der Wechsel von der alphabetischen zur orthographischen Strategie und damit die Automatisierung des Lese- und Schreibprozesses ist die entscheidende Hürde für Kinder, die eine relativ transparente Orthographie wie die deutsche Schriftsprache erwerben. Was die sprachlich-kognitiven Fähigkeiten angeht, scheint diese Problematik nur in geringem Maße mit der phonologischen Bewusstheit, sondern primär mit der Zugriffsgeschwindigkeit auf Einträge im phonologischen Inputlexikon zusammenzuhängen. Aus diesem Grund wird dieser Aspekt in Kap. 3.4 ausführlich diskutiert.

2.6 Integrativ-automatisierte Strategie

Die von Günther (1986) als „integrativ-automatisierte Stufe" bezeichnete Phase stellt keine neue Strategie dar, sondern soll ausdrücken, dass die Automatisierung schriftsprachlicher Fähigkeiten einen längeren Zeitraum in Anspruch nimmt, bis die automatisierte und konsolidierte Integration aller beteiligten Verarbeitungsprozesse tatsächlich erreicht ist (Klicpera et al. 2007).

Hat ein Kind diese Phase erreicht und ist es damit in der Lage, auch komplexere Texte zu verarbeiten, können sich die schriftsprachlichen Kompetenzen wiederum positiv auf die lautsprachlichen Fähigkeiten auswirken. Die Konfrontation mit grammatikalischen Strukturen und einem Wortschatz, die komplexer und abwechslungsreicher sind als in der alltäglichen Kommunikation, ermöglicht den Kindern auch ihre lautsprachlichen Fähigkeiten weiterzuentwickeln. Durch entsprechende Schreibanlässe im Unterricht gelingt es den Kindern, diese rezeptiven Fähigkeiten auch produktiv umzusetzen (Dannenbauer 2002). Negativ betrachtet können Lese-Rechtschreib-Schwierigkeiten damit auch den Erwerb eines differenzierten Wortschatzes und komplexer syntaktisch-morphologischer Fähigkeiten behindern.

Zusammenhang mit lautsprachlichen Fähigkeiten

Zum Weiterlesen: Günther (1986), Kirschhock (2004), Mayer (2008, Kap. 4).

3 Die Bedeutung der phonologischen Informationsverarbeitung für den Schriftspracherwerb

3.1 Die phonologische Informationsverarbeitung

Nachdem in den 1970er Jahren verstärkt Zweifel an der Bedeutung der visuellen Wahrnehmung für den Schriftspracherwerb geäußert wurden, rückten sprachlich-kognitive Fähigkeiten in den Mittelpunkt der Erforschung von Lese-Rechtschreibstörungen.

Bedeutung der phonologischen Informationsverarbeitung

Da die Schriftsprache die phonologische Struktur der Lautsprache abbildet, lag es nahe, die phonologische Informationsverarbeitung im Zusammenhang mit dem Schriftspracherwerb stärker zu fokussieren. Beeinträchtigungen auf dieser Ebene werden heute als zentrale Ursache von Lese-Rechtschreib-Störungen angenommen. Da phonologische Fähigkeiten sowohl in der Diagnostik als auch bei der Förderung eine wichtige Rolle spielen, ist es von Bedeutung, dieses komplexe Konstrukt, das fälschlicherweise oft auf die phonologische Bewusstheit reduziert wird, theoretisch zu fassen, um Zusammenhänge und Auswirkungen unterschiedlicher phonologischer Fähigkeiten mit bzw. auf unterschiedliche schriftsprachliche Kompetenzen einschätzen zu können.

Wagner / Torgesen (1987) gelang es in einer viel zitierten Veröffentlichung, die bis zu diesem Zeitpunkt größtenteils unabhängig ablaufende Forschungstätigkeit zur Bedeutung unterschiedlicher phonologischer Fähigkeiten beim Erwerb der Schriftsprache unter dem Dach der phonologischen Informationsverarbeitung (Begriffsklärung siehe Kap. 1.3) zu integrieren.

Funktionen der phonologischen Informationsverarbeitung

Diese wird als Konstrukt verstanden, dem zumindest drei Funktionen zugeordnet werden, die gemeinsam aber auch unabhängig voneinander Schwierigkeiten im Schriftspracherwerb erklären können. Die **phonologische Bewusstheit** meint die bewusste Identifizierung, Analyse, Synthese und Manipulation der kleinsten bedeutungsunterscheidenden Einheiten der Sprache, der Phoneme. Das **phonologische Arbeitsgedächtnis** hat die Aufgabe, sprachliche Informationen zu speichern und weiterzuverarbeiten.

Unter der **Zugriffsgeschwindigkeit auf phonologische Informationen** versteht man die Fähigkeit, phonologische Repräsentationen im mentalen Lexikon automatisiert aktivieren zu können (Abb. 9).

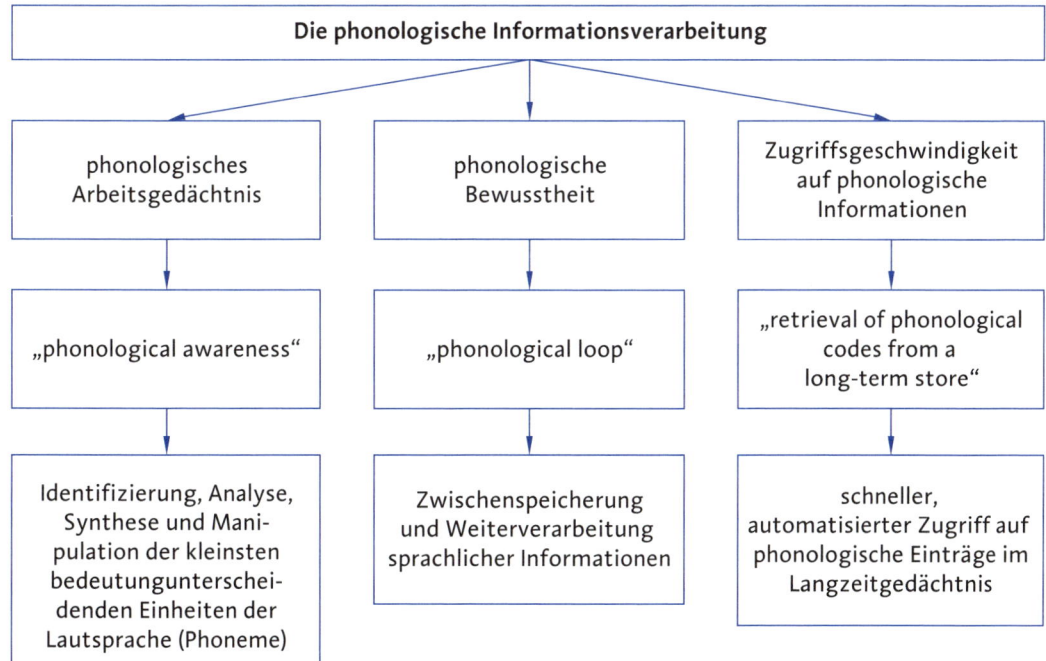

Abb. 9: Die phonologische Informationsverarbeitung

3.2 Das Arbeitsgedächtnis

Auch wenn der Einfluss des Arbeitsgedächtnisses auf das Erlernen des Lesens und Schreibens zu den am wenigsten erforschten Aspekten der Lese-Rechtschreib-Störung gehört, herrscht weitgehend Konsens, dass die Kapazität des Arbeitsgedächtnisses in Zusammenhang mit dem Schriftspracherwerb steht.

Begriff und Funktion des Arbeitsgedächtnisses

Die Trennung des menschlichen Gedächtnisses in einen Kurzzeitspeicher von beschränkter und einen Langzeitspeicher von unbegrenzter Kapazität hat seit Mitte des 20. Jahrhunderts Tradition. Das Langzeitgedächtnis ent-

Lang- und Kurzzeitgedächtnis

hält das überdauernde deklarative, prozedurale und perzeptuelle Wissen, das sich ein Mensch im Laufe seines Lebens aneignet (Hasselhorn / Grube 2003). Die Kernfunktion des Kurzzeitspeichers wurde ursprünglich darin gesehen, Informationen zwischenzuspeichern, um gegebenenfalls den „Transport" ins Langzeitgedächtnis zu gewährleisten.

aktive Funktion des Kurzzeitgedächtnisses

Heute weiß man, dass sich die Aufgabe des Kurzzeitgedächtnisses nicht auf die passive Speicheraufgabe reduziert, sondern dass es zudem in der Lage ist, Informationen parallel weiterzuverarbeiten und Informationen aus dem Langzeitgedächtnis in den Kurzzeitspeicher zu transferieren, also unmittelbar auf langfristig gespeichertes Wissen zuzugreifen. Aufgrund dieser aktiven Funktionen ist es angemessener, von einem Arbeitsgedächtnis zu sprechen, das in der Lage ist, mehrere Informationen vorübergehend zu speichern, weiterzuverarbeiten und miteinander in Beziehung zu setzen (Hasselhorn / Grube 2003, 32).

Modell von Baddeley

Am bekanntesten und in der Forschung weitgehend anerkannt ist das Modell von Baddeley (1986), der die Idee eines Arbeitsgedächtnisses modellhaft ausgearbeitet hat. Ungeachtet einiger Modifikationen dieses Modells, können die zentralen Bestandteile und Funktionen folgendermaßen beschrieben werden (Abb. 10).

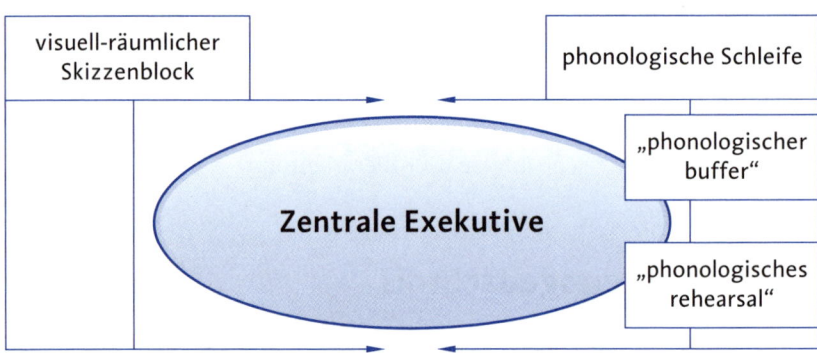

Abb. 10: Das Modell des Arbeitsgedächtnisses nach Baddeley (1986)

Einer in ihrer Kapazität begrenzten **Zentralen Exekutive**, die primär für die Verarbeitung von Informationen verantwortlich ist, werden zwei „slave-systems" zugeordnet, deren Kernaufgabe die Speicherung von Informationen darstellt: die **phonologische Schleife**, die sprachliche Informationen speichert, und der **visuell-räumliche Skizzenblock**, der die gleiche Funktion für visuelle Informationen ausübt. Diese beiden kapazitätsbeschränkten Systeme arbeiten unabhängig voneinander.

Teilkomponenten des Arbeitsgedächtnisses

Die Zentrale Exekutive (ZE): Auch wenn die Zentrale Exekutive neurologisch nicht eindeutig lokalisiert werden kann und auch die Funktionsweise nicht geklärt ist, können ihre zentralen Aufgaben recht gut gefasst werden. Zunächst ist die ZE genauso wie die „slave-systems" in der Lage, Informationen zu speichern, wenn deren Kapazität überschritten ist. Neben der Weiterverarbeitung von Informationen obliegt ihr als zentrale Aufgabe, die Arbeitsweise der beiden „slave-systems" zu kontrollieren, zu koordinieren und flexibel zwischen verschiedenen Verarbeitungsprozessen zu wechseln, wenn z. B. Aufgabenstellungen unterschiedlicher Modalität parallel ausgeführt werden. Zudem ist die ZE in der Lage, wesentliche Informationen zu fokussieren und unwesentliche auszublenden – eine Leistung, die bei vielen alltäglichen und schulischen Aufgabenstellungen zentrale Bedeutung besitzt. Hinzu kommt die Aufgabe, Informationen aus dem Langzeitgedächtnis zur unmittelbaren Bearbeitung ins Arbeitsgedächtnis zu transferieren und die Aktivierung irrelevanten Wissens zu unterdrücken („inhibition"). Während den beiden „slave-systems" also eher passive Speicheraufgaben zukommen, hat die ZE deutlich aktivere Funktionen zu erfüllen.

Speichern, Verarbeiten, Koordinieren

Die Funktionsfähigkeit der Zentralen Exekutive wird von de Jong (1998) als Kapazität des Arbeitsgedächtnisses („working-memory-capacity") bezeichnet.

Die „phonologische Schleife" („articulatory loop"): Baddeley (1986) nimmt ein spezifisches Speichersystem für sprachliche Informationen an, dessen Kernaufgabe es ist, „phonologische Repräsentationen für die Dauer des Verarbeitungsprozesses möglichst vollständig und reihenfolgenrichtig verfügbar zu halten" (Glück 2000a, 98).

Aufgabe der phonologischen Schleife

Die phonologische Schleife setzt sich aus einem passiven Kurzzeitspeicher („phonological buffer") und dem aktiven Prozess des „artikulatorischen rehearsals" zusammen. Der phonologische Kurzzeitspeicher kann auditiv-sprachliche Informationen etwa für die Dauer von 1,8 Sekunden aufrechterhalten.

phonologischer buffer, phonologisches rehearsal

Die Effizienz des „buffers" kann bspw. mit Hilfe der Mottier-Silben oder dem Subtest „Nachsprechen von Pseudowörtern" im BISC ermittelt werden.

Mit Hilfe des „phonologischen rehearsals" können Informationen über das Zeitfenster des „phonological buffers" hinaus gespeichert werden, indem sie in einer Art Endlosschleife subvokalisch wiederholt werden und so die Gedächtnisspur aufgefrischt wird.

Die Funktion des **„phonologischen rehearsals"** kann durch das Nachsprechen von Zahlen- und Wortfolgen, wie es z. B. im HAWIK III oder der K-ABC durchgeführt wird, überprüft werden.

Da der Zeitraum, in dem Informationen im „buffer" aufrechterhalten werden können, mit etwa 1,8 Sekunden konstant ist, entspricht die Gedächtnisspanne der phonologischen Schleife der Anzahl der Einheiten, die in 1,8 Sekunden subvokalisch wiederholt werden kann. Daraus wird ersichtlich, dass der Artikulationsgeschwindigkeit eine wichtige Rolle zukommt. Je schneller (auch subvokalisch) artikuliert wird, desto mehr Einheiten werden innerhalb des Zeitfensters des „buffers" wiederholt und desto länger ist die phonologische Gedächtnisspanne. „The faster the articulation rate, the larger the span" (Baddeley 1990, zit. nach Kibby et al. 2004, 350).

phonologischer Ähnlichkeitseffekt

Einen Beleg für die Existenz eines spezifisch sprachlichen Gedächtnissystems liefert der „phonologische Ähnlichkeitseffekt". Dass visuell präsentierte phonologisch ähnliche Wörter (z. B. „Schein", „Schwein", „Wein") nicht so gut memoriert werden können wie unähnliche (z. B. „Wein", „Kasse", „Frosch"), wird dadurch erklärt, dass die Items phonologisch kodiert und voneinander diskriminiert werden müssen, was bei ähnlichen Lautfolgen weniger gut gelingt. Baddeley (1986) konnte zeigen, dass phonologisch ähnliche Wortfolgen bestehend aus fünf Wörtern nur zu 9,6 % in der richtigen Reihenfolge wiederholt werden konnten, während dies bei semantisch assoziierten Folgen zu 65 % gelang.

Der Effekt der artikulatorischen Unterdrückung und der Wortlängeneffekt liefern weitere Belege für die Existenz eines phonologischen Arbeitsgedächtnisses.

Wortlängeneffekt

Der Wortlängeneffekt meint, dass das Gedächtnis für Wörter mit längerer Artikulationsdauer nicht so ausgeprägt ist wie für kurze Wörter. Offensichtlich kann eine geringere Anzahl langer Wörter innerhalb des Zeitfensters des „phonologischen buffers" mittels „phonologischen rehearsals" im Arbeitsgedächtnis aufrechterhalten werden.

Effekt der artikulatorischen Unterdrückung

Unter dem Effekt der artikulatorischen Unterdrückung versteht man, dass Nachsprechaufgaben signifikant besser gelingen, wenn während des Einprägens einer visuell präsentierten Folge die Möglichkeit besteht, diese laut, leise oder mittels innerer Sprache zu wiederholen, also wenn das „phonologische rehearsal" nicht behindert wird. Die Fehleranzahl steigt jedoch rapide an, wenn dieser Prozess unterdrückt wird, indem Versuchspersonen z. B. aufgefordert werden, während der Aufgabe eine Silbe zu artikulieren. Dieser Effekt ließe sich schlecht erklären, wenn die Wortfolge visuell eingeprägt würde.

visuell-räumlicher Skizzenblock

Der visuell-räumliche Skizzenblock ist für die Speicherung visueller Informationen verantwortlich. Die Komponenten des visuell-räumlichen

Hilfssystems sind weit weniger herausgearbeitet als die des phonologischen Arbeitsgedächtnisses (Hasselhorn / Grube 2003).

Da bei Lese-Rechtschreib-Störungen primär das sprachliche Arbeitsgedächtnis betroffen ist und im visuell-räumlichen Subsystem kaum Defizite nachgewiesen werden können (Marx et al. 2001), wird im Folgenden auf eine Aufarbeitung des Forschungsstandes zum visuell-räumlichen Skizzenblock verzichtet.

Eine detaillierte Aufarbeitung des Forschungsstandes zu diesem Bereich findet sich bei Baddeley (1986).

Überprüfungen der unterschiedlichen Funktionen des Arbeitsgedächtnisses

Da Überprüfungen des Arbeitsgedächtnisses im deutschsprachigen Raum keine große Tradition besitzen, werden im Folgenden einige Vorschläge gemacht, die geeignet sind, die Kapazität des Arbeitsgedächtnisses zu ermitteln.

Überprüfungen des visuell-räumlichen Skizzenblocks erfassen die Fähigkeit, sich an bedeutungslose visuelle Stimuli zu erinnern, die räumlichen Positionen sowie zeitliche visuelle Veränderungen (dynamischer Aspekt des visuellen Gedächtnisses) wahrzunehmen und wiederzugeben.

Die dynamische Komponente des visuell-räumlichen Skizzenblocks kann mit „Corsi-Block-Aufgaben" erfasst werden. Dabei werden farbige Punkte, die auf einer Matrix in unregelmäßiger Anordnung fixiert sind, im Sekundenrhythmus mit dem Finger angetippt und das Kind hat die Aufgabe, die Sequenz zu wiederholen. Die Folgen können in Länge und Komplexität variiert werden.

Corsi-Block-Aufgaben

Eine Überprüfung, die durch die Kaufman Assessment Battery for Children (K-ABC) bekannt geworden ist, ist der Subtest „Räumliches Gedächtnis". Dabei wird dem Kind zunächst eine Matrix aus neun bis 16 Feldern (3 x 3 oder 4 x 4) gezeigt. In einigen Feldern befinden sich Abbildungen, die sich das Kind fünf Sekunden lang einprägen soll. Anschließend wird eine identische, aber leere Matrix präsentiert und das Kind hat die Aufgabe die Felder zu zeigen, in denen sich vorher Stimuli befunden haben.

Subtest „Räumliches Gedächtnis" (K-ABC)

Überprüfungen des „phonological buffer" messen die Fähigkeit, unvertraute Lautfolgen zu speichern und sofort wiederzugeben. Üblicherweise bedient man sich dabei der Aufgabe des „Pseudowörter-Nachsprechens". Dabei handelt es sich um Wörter, die in der jeweiligen Sprache nicht vorkommen, aber den phonotaktischen Regeln entsprechen (z. B. „golukerni"). Da so nicht auf Einträge im mentalen Lexikon zurückgegriffen werden kann, muss das vorgesprochene Wort im „phonologischen buffer" repräsentiert werden, um wiederholt werden zu können.

Pseudowörter nachsprechen

Im deutschsprachigen Raum finden sich entsprechende Überprüfungen im Bielefelder Screening zur Früherkennung von Lese-Rechtschreib-Schwierigkeiten (Jansen et al. 2002), im Mottiertest im Rahmen des Züricher Lesetests (Linder/Grissemann 2000) und dem SETK 3–5 (Grimm et al. 2000).

Zahlen nachsprechen

Überprüfungen des „phonologischen rehearsals" messen, wie viele sprachliche Einheiten über das Zeitfenster des „buffers" hinaus gespeichert und in korrekter Reihenfolge reproduziert werden können. Diese Funktion wird durch das Nachsprechen von Zahlen- oder (Pseudo-)Wortfolgen mit zunehmender Anzahl an Items überprüft. Die Gedächtnisspanne wird dann üblicherweise durch die Wortanzahl des längsten korrekt wiedergegebenen Sets angegeben.

Aufgabenstellungen zur Erfassung der Funktionsfähigkeit der ZE sind prinzipiell wesentlich komplexer, da sie die Speicher- und Verarbeitungskomponente überprüfen müssen.

listening-span-task

Eine klassische Aufgabenstellung zur Überprüfung der ZE ist der „listening-span-task" (Daneman/Carpenter 1983). Dabei hört das Kind eine Reihe von Sätzen, deren semantische Korrektheit es beurteilen muss (Verarbeitungsaspekt). Gleichzeitig hat es die Aufgabe, sich das jeweils letzte Wort jedes Satzes einzuprägen (Speicheraspekt) und nach einer bestimmten Anzahl an Sätzen, die kontinuierlich gesteigert wird, in der richtigen Reihenfolge zu wiederholen (Tab. 3).

Tab. 3: „listening-span-task" in Anlehnung an Daneman/Carpenter (1983)

	präsentierte Äußerung	semantisches Urteil
1	Jedes Kind hat eine Mama und einen Papa.	wahr
2	Im Sommer bauen viele Kinder einen Schneemann.	falsch
3	Die Butter wird auf das Brot geschmiert.	wahr
4	Weihnachten ist im Dezember.	wahr
	Erwartete Reaktion der Kinder nach den 4 Items:	Papa, Schneemann, geschmiert, Dezember

Eine analoge Aufgabe für den visuellen Bereich stammt von Nation et al. (1999). Auf dem Computerbildschirm sind Rechtecke zu sehen, in denen zwei identische und eine abweichende geometrische Form zu sehen sind. Das Kind hat nun zunächst die Aufgabe, in jedem Rechteck die „falsche" Form zu zeigen (Verarbeitungsaspekt), bevor anschließend die Formen ausgeblendet werden und das Kind die Felder zeigen soll, in denen sich diese zuvor befunden haben (Speicheraspekt) (Abb. 11).

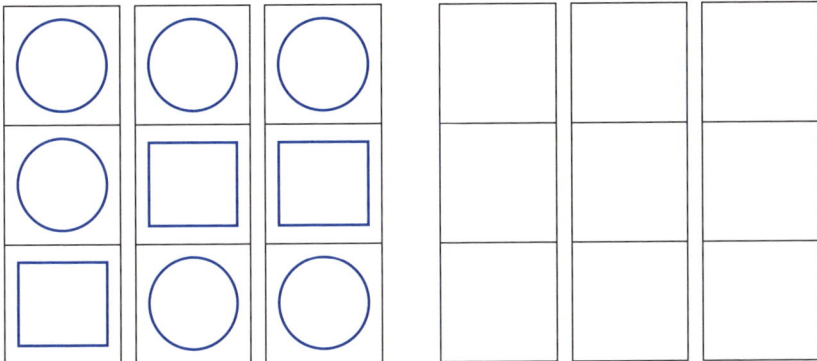
Abb. 11: Überprüfung des visuell-räumlichen Arbeitsgedächtnisses

Um die koordinierende Funktion der ZE bei komplexen Aufgabenstellungen zu ermitteln, bedient man sich häufig des „dual-task-paradigm". Dabei müssen Aufgabenstellungen aus der auditiven oder visuellen Modalität gelöst werden, während parallel eine Leistung aus einer anderen Modalität gefordert wird. Bei Kibby et al. (2004) findet sich eine Aufgabe, bei der Versuchspersonen zur Überprüfung des „phonologischen rehearsals" Zahlenfolgen wiederholen müssen, während sie parallel eine vorher eingeübte Sequenz auf einer Computertastatur (motorische Modalität) wiedergeben sollen.

dual-task-paradigm

Forschungsergebnisse

Es herrscht weitgehend Einigkeit, dass die Kapazität des phonologischen Arbeitsgedächtnisses mit der Lesefähigkeit assoziiert ist.

So ermittelten Mann/Libermann (1984) signifikante Korrelationen zwischen einer Überprüfung der Gedächtnisspanne für Wörter im Kindergarten und der Lesefähigkeit in der ersten Klasse. Daneman/Carpenter (1983) fanden einen hochsignifikanten Zusammenhang zwischen der im vorigen Kapitel beschriebenen Überprüfung des Arbeitsgedächtnisses und der Lesefähigkeit.

Von besonderem Interesse ist, welche Funktionen des Arbeitsgedächtnisses bei Kindern mit Schriftspracherwerbsstörungen am stärksten beeinträchtigt sind. Angenommen wird üblicherweise, dass die phonologische Schleife primär mit der Entwicklung der Worterkennung und die Zentrale Exekutive vor allem mit dem Leseverständnis assoziiert sein sollten.

Die Ergebnisse von Schuchardt et al. (2006) und Kibby et al. (2004) lassen eine recht präzise Lokalisierung der Defizite schriftspracherwerbsgestörter Kinder zu. Bei Schuchardt et al. erzielten dyslektische Kinder, deren

Arbeitsgedächtnis und Lesefähigkeit

Bedeutung des „phonologischen buffers" für die Worterkennung

zentrales Defizit in der Worterkennung anzusiedeln ist, beim Nachsprechen von Zahlen- und Wortfolgen dieselben Leistungen wie die Kontrollgruppe. Kibby et al. (2004) konnten in beiden Gruppen einen vergleichbaren Wortlängeneffekt nachweisen. Beide Forschungsgruppen interpretieren ihre Ergebnisse dahingehend, dass das „phonologische rehearsal" bei lese-rechtschreib-schwachen Kindern intakt ist. Dass Defizite v. a. beim Nachsprechen von Pseudowörtern offensichtlich waren (Schuchardt et al. 2006), kann als Beleg für eine beeinträchtigte Effizienz des „phonologischen buffers" interpretiert werden. Auch die Ergebnisse von Fraser/Conti-Ramsden (2008) legen nahe, dass die Leistungen beim Nachsprechen von Pseudowörtern mit der Worterkennung und der Rechtschreibung assoziiert sind.

Bedeutung der ZE für das Leseverständnis

Bei Kindern mit spezifischen Beeinträchtigungen des Leseverständnisses bei durchschnittlicher Dekodierfähigkeit („poor comprehender") konnten hingegen kaum Schwierigkeiten mit dem „phonologischen rehearsal", aber deutliche Beeinträchtigungen in der ZE identifiziert werden (Swanson et al. 2006; Nation et al. 1999).

Zusammenfassung

Die eingangs formulierten Vermutungen können durch die Forschungsergebnisse bestätigt und präzisiert werden. Während die Worterkennung primär mit einer Beeinträchtigung des „phonologischen buffers" einhergeht, sind Defizite im Leseverständnis mit der ZE assoziiert. Um Risikokinder zuverlässig identifizieren zu können, sollten also sowohl Überprüfungen der Effizienz des „phonologischen buffers" (z.B. Pseudowörter nachsprechen) als auch der Funktionstüchtigkeit der ZE in vorschulischen Screening-Verfahren integriert werden.

Erklärungsversuche

Abschließend stellt sich die Frage, wie die Zusammenhänge zwischen dem Arbeitsgedächtnis und der Lesefähigkeit theoretisch erklärt werden können.

Führt man sich vor Augen, wie die indirekte Lesestrategie von Leseanfängern beim Erlesen unbekannter Wörter eingesetzt wird, wird die Rolle des Arbeitsgedächtnisses deutlich, da hier dessen zentrale Funktionen, die parallele Speicherung und Verarbeitung von Informationen, in hohem Maße beansprucht werden. Die einzelnen Grapheme werden auf der Grundlage der gelernten Graphem-Phonem-Korrespondenz-Regeln in Laute „übersetzt". Um die Einzellaute zu einem Wort synthetisieren zu können, müssen die bereits verarbeiteten Buchstaben in phonologischer Form im Arbeitsgedächtnis zwischengespeichert werden (Speicheraspekt), während die folgenden Buchstaben noch rekodiert werden (Verarbeitungsaspekt). Damit beansprucht dieser bei Leseanfängern noch langsam ablaufende Prozess der Rekodierung die Kapazität des Arbeitsgedächtnisses in hohem Ausmaß. Verfügen Kinder über ein Arbeitsgedächtnis mit eingeschränkter Kapazität, ist der Prozess der phonologischen Rekodierung vor allem bei längeren Wörtern zum Scheitern verurteilt, da die Kinder am Ende eines Wortes die Anfangslaute evtl. schon wieder vergessen haben (vgl. Wagner/Torgesen 1987).

Nun könnte man annehmen, dass das phonologische Arbeitsgedächtnis mit zunehmender Automatisierung der Worterkennung eine immer geringere Rolle spielt, da das Arbeitsgedächtnis nicht mehr so stark belastet wird. Das Gegenteil ist der Fall. Aufgrund der zunehmenden Komplexität der Texte bei fortgeschrittener Lesefähigkeit spielt das Arbeitsgedächtnis eine noch wichtigere Rolle. Um ein Gesamtbild eines Textes entwickeln zu können, müssen Phrasen, Sätze oder ganze Absätze im Arbeitsgedächtnis zwischengespeichert werden, während die gerade gelesenen Strukturen parallel verarbeitet werden müssen.

So ermittelten Seigneuric/Ehrlich (2005) signifikante Beiträge der Kapazität des Arbeitsgedächtnisses zur Erklärung individueller Unterschiede im Leseverständnis in der zweiten und dritten Klasse, auch nachdem das Leseverständnis der zweiten Klasse als Autoregressor kontrolliert wurde, während der Beitrag des Arbeitsgedächtnisses zur Lesefähigkeit in der ersten Klasse deutlich geringer ausfiel.

3.3 Die phonologische Bewusstheit

Was versteht man unter der phonologischen Bewusstheit?

Die Arbeiten der Forschungsgruppe um Libermann und Shankweiler an den Haskins-Laboratorien der Universität Connecticut lieferten erste empirische Belege für einen Zusammenhang zwischen der phonologischen Bewusstheit und dem Schriftspracherwerb.

Eine Zusammenfassung findet sich bei Brady/Shankweiler (1991).

Mittlerweile liegen auch für den deutschsprachigen Raum zahlreiche Ergebnisse vor, die nahe legen, dass der phonologischen Bewusstheit eine bedeutende Rolle beim Lesen- und Schreibenlernen zukommt (Roth 1999; Schneider et al. 1997; 2000).

Es würde den Rahmen des vorliegenden Buches sprengen, die Forschungsarbeit zur phonologischen Bewusstheit im Detail zu diskutieren (vgl. dazu Mayer 2008, Schnitzler 2008). Im Folgenden sollen lediglich der Begriff definiert sowie die Entwicklung und die Bedeutung der phonologischen Bewusstheit für den Schriftspracherwerb skizziert werden. Diese Ausführungen bilden den theoretischen Hintergrund der Kriterien einer optimierten Förderung der phonologischen Bewusstheit, wie sie in Kap. 5.1 vorgestellt werden. Aufgrund der Gefahr, eine Förderung der phonologischen Bewusstheit als Allheilmittel gegen jegliche Form der Lese-Rechtschreib-Schwierigkeit zu betrachten, müssen aber auch die Grenzen dieser Form der Förderung diskutiert werden.

keine allgemein akzeptierte Definition

Aufgrund der Komplexität des Konstrukts ist es bislang nicht gelungen, eine allgemein akzeptierte Definition zur phonologischen Bewusstheit zu formulieren. Allgemein versteht man darunter die Fähigkeit, vom semantischen Gehalt der Sprache zu abstrahieren und die Aufmerksamkeit der Klanggestalt der Sprache zuzuwenden.

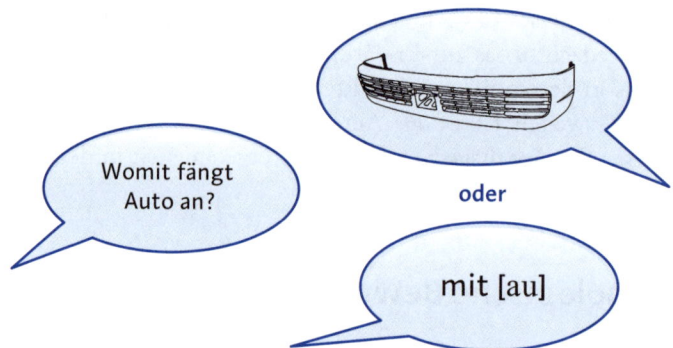

Abb. 12: Womit fängt Auto an?

Teilbereich der metalinguistischen Bewusstheit

Die phonologische Bewusstheit wird neben der pragmatischen Bewusstheit, der Wortbewusstheit und der Bewusstheit für grammatikalische Strukturen als Teilbereich der **metalinguistischen Bewusstheit** verstanden, also der Fähigkeit, über gesprochene Sprache zu reflektieren (Tunmer/Hoover 1992, zit. nach Hartmann 2003; Kirschhock 2004; Schnitzler 2008; Tabelle 4).

enges und weites Verständnis

Bislang konnte keine Einigkeit darüber erzielt werden, wie explizit die Bewusstheit und auf welche sprachliche Einheiten ein bewusster Zugriff möglich sein muss, damit von phonologischer Bewusstheit gesprochen werden kann. Ein **weiter gefasstes Verständnis** rechnet auch die Fähigkeit, Wörter in Sätzen oder Silben in Wörtern identifizieren und unterscheiden sowie Reime erkennen und produzieren zu können, der phonologischen Bewusstheit zu (Schneider 2000; Forster/Martschinke 2001).

Tab. 4: Die metalinguistische Bewusstheit

Ebene	Beschreibung	Beispiel
phonologische Bewusstheit	Einsicht in den lautstrukturellen Aufbau der Sprache und die Fähigkeit, sublexikalische Einheiten intentional zu erkennen und damit kontrolliert zu operieren	Vertauschen zweier Laute in einem Wort
Wortbewusstheit	Einsicht, dass Wörter arbiträr sind und unabhängig von ihrer Bedeutung sprachliche Grundeinheiten mit bestimmten Eigenschaften darstellen	Gliederung eines Satzes in Wörter; Wörter in Sätzen austauschen, Synonyme und Antonyme erkennen
grammatikalische Bewusstheit	Einsicht in den syntaktisch-morphologischen Aufbau und die Fähigkeit, Verstöße gegen die korrekte Satzbildung und morphologische Regeln zu erkennen	grammatikalische Fehler in Sätzen explizit korrigieren und abstrakte Regeln erfassen können
pragmatische Bewusstheit	metasprachliche Leistungen in Bezug auf Äußerungen oberhalb der Satzebene; Integration größerer Zusammenhänge zwischen Äußerungen	Die pragmatische Bewusstheit bezeichnet die Fähigkeit, zum einen auf die Verständlichkeit einer Aussage zu achten, zum anderen die Gesamtstruktur eines Textes und die Logik zwischen den Sätzen im Blick zu haben, z. B. grammatikalisch korrekte, semantisch unlogische Sätze als unsinnig beurteilen zu können (Beispiel: Dunkel war's, der Mond schien helle, als ein Auto blitzschnelle, langsam um die Ecke fuhr).

Vertreter eines **eng gefassten Verständnisses** hingegen verstehen unter diesem Begriff ausschließlich eine explizite Bewusstheit für die Phonemstruktur der Lautsprache und ein bewusstes Operieren auf dieser Ebene (Hatcher et al. 1994; Torgesen et al. 1994).

Das unterschiedliche Verständnis wird auch in den Überprüfungen deutlich, mit deren Hilfe die phonologische Bewusstheit in Diagnoseverfahren und empirischen Studien erfasst werden soll (Tab. 5). Diese Übersicht macht deutlich, dass die phonologische Bewusstheit kein einheitliches Konstrukt, sondern ein Konglomerat unterschiedlicher Teilfähigkeiten darstellt, die sich im Laufe der Entwicklung sukzessive ausbilden und in unterschiedlicher Nähe zum Schriftspracherwerb stehen.

Aus den Aufgabenstellungen lassen sich zahlreiche Anregungen für die Förderpraxis ableiten.

Um die einzelnen Aufgabenstellungen hinsichtlich ihrer Komplexität strukturieren zu können, unterscheidet Schnitzler (2008) eine implizite und explizite Bewusstheit. Die **implizite Bewusstheit** meint die Verfügbarkeit des Wissens um verschiedene phonologische Einheiten und die spontane Anwendung dieses Wissens (z. B. wenn Wörter durch Klatschen in Silben segmentiert werden), während die **explizite Bewusstheit** die bewusste Anwendung dieses Wissens meint (z. B. wenn zwei Silben eines Wortes vertauscht werden).

implizite und explizite Bewusstheit

Tab. 5: Aufgabenstellungen zur Überprüfung der phonologischen Bewusstheit

Reimerkennung 1	„Du hörst jetzt zwei Wörter; wenn sich die beiden Wörter gleich anhören, dann sagst du ‚ja', wenn sie sich nicht gleich anhören, sagst du ‚nein'. Baum – Traum." (Jansen et al. 2002)
Reimerkennung 2	„Ich sage dir jetzt vier Wörter. Ein Wort passt nicht dazu, weil es ganz anders klingt als die anderen drei Wörter. Du sollst das Wort herausfinden, das nicht zu den anderen passt. Feld, Geld, Pudel, Welt."
Reimproduktion	"Welches Wort reimt sich auf ‚Tisch'?"
Silbensynthese	„Kannst du den Roboter verstehen? Welches Wort meint er wohl: Re-gen-bo-gen?"
Silbensegmentation	„Klatsche das Wort ‚Tennisball'. Aus wie vielen Silben besteht das Wort?"
Silbenelision	„Welches Wort hörst du, wenn du bei ‚Handschuh' ‚Hand' weglässt?"
Laut-zu-Wort-Aufgabe	„Hörst du ein [i:] in Igel?" (Jansen et al. 2002; hier handelt es sich aber eher um die Identifizierung einer Silbe)
Anlautkategorisierung	„Jetzt sollst du herausfinden, welche Wörter am Anfang gleich klingen. Esel, Elefant, Affe."
Auslautkategorisierung	analog
Anlautidentifizierung (analog Inlaut und Auslautidentifizierung)	„Jetzt sollst du herausfinden, wie mit welchem Laut die Wörter anfangen. Ich zeige dir ein Bild und sage das Wort. Du überlegst dir, wie das Wort beginnt." (Hartmann/Dolenc 2005)
Phonemsegmentation	„Welche Laute hörst du in ‚Ball'?"
Phonemsynthese	„Der Roboter spricht heute besonders komisch. Welches Wort meint er wohl : [z]-[o]-[f]-[a]?"
Phonemelision (auch möglich: Phoneme hinzufügen)	„Welches Wort ergibt sich, wenn du bei ‚reisen' das [r] weglässt?" „Welches Wort hörst du, wenn du bei ‚Eis' ein [r] dazutust?"
Lautersetzung	„Ersetze bei ‚Ananas' alle [a] durch ein [i]."
Phonemreversion	Die Segmente eines vorgegebenen Wortes in umgekehrter Reihenfolge anordnen (aus „Tisch" wird „Schit").

phonologische Bewusstheit im weiteren und im engeren Sinn

Eine auf den ersten Blick ähnliche Unterscheidung treffen Skowronek/Marx (1989), wenn sie zwischen der phonologischen Bewusstheit im weiteren und im engeren Sinn unterscheiden. Dabei meint die **phonologische Bewusstheit im weiteren Sinn** „das Umgehen mit den lautlichen Aspekten der Sprechsprache [...] in Aufgaben, deren Anforderungen an Sprachleistungen anknüpfen, die in konkreten, dem Kind bekannten Spielhandlungen enthalten sind" (Skowronek/Marx (1989, 42). Die Autoren subsumieren hier vor allem die Reim- und die Silbenebene. Demgegenüber verstehen sie unter einer **phonologischen Bewusstheit im engeren Sinne** „Sprachleistungen, bei denen explizit mit lautlichen Strukturen operiert werden muss, die weder semantische noch sprechrhythmische Bezüge aufweisen [i. e. Phoneme, A. M.]" (Skowronek/Marx (1989, 42).

Hier werden die Anforderungen an die phonologische Bewusstheit allein in Abhängigkeit von der Größe der sprachlichen Einheit ausgedrückt (z. B. Silben vs. Laute), womit auch ein steigender Schwierigkeitsgrad herausgestellt werden soll. So geht Küspert (1998, 70) etwa davon aus „dass umso höhere kognitive Anforderungen gestellt werden, je kleiner die zu erkennenden sprachlichen Einheiten sind".

Diese Einteilung impliziert, dass sich die Bewusstheit für größere sprachliche Einheiten früher entwickelt und Aufgaben auf Reim- und Silbenebene früher gelöst werden können als Aufgaben auf Phonemebene.

Schnitzler (2008) relativiert die Gültigkeit dieser Differenzierung, indem sie die Größe der sprachlichen Einheit durch die Dimension der Bewusstheit ergänzt. Sowohl bei der phonologischen Bewusstheit im weiteren als auch im engeren Sinn können **explizite und implizite Fähigkeiten** unterschieden werden. Entsprechend schlägt Schnitzler in Anlehnung an Stackhouse/Wells ein „zweidimensionales Konstrukt der phonologischen Bewusstheit" vor, das in Abb. 13 veranschaulicht ist.

zweidimensionales Konstrukt der phonologischen Bewusstheit

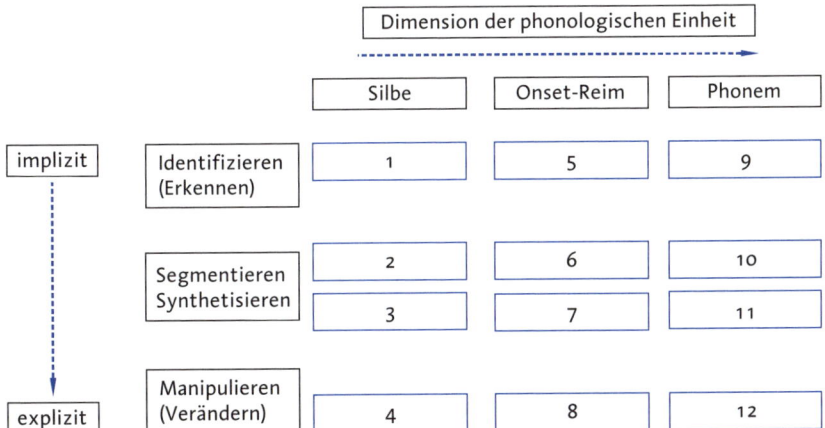

Abb. 13: Das zweidimensionale Konstrukt der phonologischen Bewusstheit (Schnitzler 2008, 29)

Die erste Dimension stellt die Größe der zu verarbeitenden Einheit dar. Auf dieser Ebene fällt es am leichtesten, Aufgaben auf Silbenebene zu lösen, gefolgt von der Ebene Onset und Reim (Abb. 14). Der höchste Schwierigkeitsgrad ist mit Aufgabenstellungen auf Phonemebene assoziiert. Diese Abfolge entspricht der Differenzierung in eine phonologische Bewusstheit im weiteren und engeren Sinn.

Dimension 1

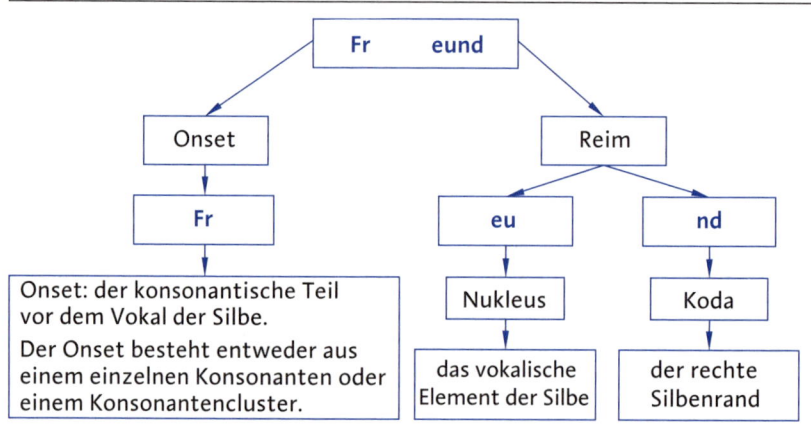

Abb. 14: Die Ebene von Onset und Reim

Dimension 2 — Was die Komplexität der Operation und damit den geforderten Grad der Bewusstheit angeht, nimmt Schnitzler eine Hierarchie vom Identifizieren über das Synthetisieren bzw. Segmentieren hin zur bewussten Manipulation (Auslassen, Hinzufügen, Ersetzen und Umstellen) sprachlicher Einheiten an.

Konsequenzen des Modells — Diese Differenzierung hat unmittelbare Konsequenzen für die Beurteilung der Komplexität von Überprüfungen der phonologischen Bewusstheit, die Einschätzung der phonologischen Fähigkeiten von Kindern und die Praxis der Förderung.

Während Skowronek / Marx (1989) davon ausgehen, dass sich die Bewusstheit im weiteren Sinn bereits im Vorschulalter anbahnen lässt und sich die Phonembewusstheit vor allem in enger Auseinandersetzung mit dem Schriftspracherwerb entwickelt, scheint es sinnvoller anzunehmen, dass der geforderte Grad der Bewusstheit die bedeutendere Dimension darstellt, um zwischen Vorläufer- und Folgefähigkeiten zu unterscheiden.

So sind Kinder im Vorschulalter bereits in der Lage, einfache Aufgabenstellungen auf Phonemebene zu lösen (Identifizierung), während komplexe Operationen auf Silbenebene noch kaum gelingen. Ein Beispiel aus dem

„**Rundgang durch Hörhausen**" (Martschinke et al. 2001) kann dies illustrieren. Bei der Aufgabe „Silben zusammensetzen", einer Aufgabenstellung, die der phonologischen Bewusstheit im weiteren Sinn zugeordnet ist, müssen die Kinder die Namen zweier Tiere zunächst in Sprechsilben segmentieren, bevor die erste Silbe des einen Tieres und die zweite Silbe des anderen Tieres zu einem neuen Tier zusammengesetzt werden (Beispiel: „Ziege" + „Kamel" → „Zie-mel" + „Ka-ge"). Um diese Aufgabe lösen zu können, müssen die Kinder neben der impliziten Silbensegmentierung die einzelnen Silben bewusst isolieren und in anderer Reihenfolge wieder zusammensetzen. Dies erfordert eine explizite Anwendung des impliziten Wissens. Es handelt sich um die höchste Bewusstheitsstufe, um die Manipulation sprachlicher Einheiten. Nur 30 % einer Gruppe von Grundschulkindern konnten diese Aufgabe zu Beginn der ersten Klasse korrekt lösen, während immerhin 50 %–60 % der Kinder Aufgaben lösten, bei denen die Anfangs- bzw. Endlaute von Wörtern „nur" *identifiziert* werden mussten, also Fähigkeiten, die der phonologischen Bewusstheit im engeren Sinn zugeordnet werden. Die alleinige Berücksichtigung der Dimension der Größe kann dieses Ergebnis nicht erklären.

Was die diagnostische und therapeutische Praxis angeht, erlaubt dieses Modell eine präzisere Aussage über die Entwicklung der phonologischen Bewusstheit. Dieses Wissen wiederum ist von besonderer Relevanz, um Risikokinder für die Ausbildung von Lese-Rechtschreib-Störungen zu identifizieren.

Entwicklung der phonologischen Bewusstheit

Es ist anzunehmen, dass sich eine Entwicklung von der impliziten zur expliziten Bewusstheit und von größeren zu kleineren sprachlichen Einheiten beobachten lässt. Für die Praxis ist die Frage von Bedeutung, welche Fähigkeiten Vorschulkinder bereits beherrschen und welche sich erst parallel zum Lesen- und Schreibenlernen entwickeln.

Im Vorschulalter verfügen Kinder üblicherweise bereits über eine gute implizite **Silbenbewusstheit**. Darauf weisen z. B. die Ergebnisse der Normierungsstichprobe im „Bielefelder Screening" hin (BISC; Jansen et al. 2002). 79 % der Kinder waren bereits zehn Monate vor Schuleintritt in der Lage, einen silbenwertigen Anlaut zu identifizieren („Hörst du ein [a] in Ameise?"). 80 % der Kinder konnten mehrsilbige Wörter in Silben segmentieren. Zu vergleichbaren Ergebnissen kommen Martschinke et al. (2005) und Hartmann / Dolenc (2005). Ähnlich leicht fällt Kindern im Vorschulalter die **Silbensynthese**. Allerdings weist Schnitzler (2008) zu Recht dar-

> gute implizite Fähigkeiten im Vorschulalter

auf hin, dass die phonologischen Fähigkeiten in diesem Bereich überschätzt werden könnten, da das gesuchte Wort auch aufgrund von Klangassoziationen erkannt werden kann, insbesondere dann, wenn echte Wörter synthetisiert und den Kindern mehrere Bilder zur Auswahl vorgelegt werden.

> Die tatsächliche Fähigkeit zur Silbensynthese kann in der Praxis gut mit Hilfe von **Pseudowörtern** ermittelt werden.

Auch auf **Reimebene** können im Vorschulalter bereits gute Fähigkeiten identifiziert werden. 73 % der Stichprobe bei Martschinke et al. (2005) waren in der Lage, aus vier Wörtern das Wort zu identifizieren, das nicht mit den anderen im Reim übereinstimmte. 89 % der Stichprobe im „BISC" (Jansen et al. 2002) konnten die Übereinstimmung von zwei Wörtern im Reim korrekt beurteilen. Dasselbe Verfahren liefert Hinweise darauf, dass auch die Synthesefähigkeit auf Onset- und Reimebene gut ausgeprägt ist. 89 % der Kinder konnten zu einem in Onset und Reim segmentierten Wort das richtige Bild zeigen. Jedoch gilt auch bei der Interpretation dieser Aufgabe dieselbe Kritik wie an der Silbensynthese-Aufgabe. Da den Kindern vier Bilder zur Auswahl vorgelegt werden und die Antwort auch dann als richtig beurteilt wird, wenn das Kind ein Bild zeigt, das entweder im Onset und dem vokalischen Teil des Reims oder im gesamten Reim mit dem präsentierten Wort übereinstimmt, kann auch eine diffuse Klangassoziation zur richtigen Lösung führen.

kaum explizite Fähigkeiten im Vorschulalter

Was die explizite Bewusstheit auf **Silbenebene** angeht, konnte das Beispiel aus Martschinke et al. (2001) zeigen, dass auch Schulanfänger nur selten über diese Fähigkeiten verfügen. Auch eine Untersuchung von Jansen / Marx (1999) weist darauf hin. Obwohl 96 % der Kinder Wörter in Silben segmentieren konnten, war nur ein Drittel der Kinder in der Lage, die einzelnen Silben unabhängig vom Sprechrhythmus zu benennen.

Auf **Phonemebene** können Vorschulkinder üblicherweise nur einfache implizite Aufgabenstellungen lösen. 55 % der Vorschulkinder bei Martschinke et al. (2005) waren in der Lage, Wörter mit gleichem Anlaut zu identifizieren. Zu vergleichbaren Ergebnissen kommen Hartmann / Dolenc (2005) und Martschinke et al. (2001) sowie Stock et al. (2003) für Kinder in der ersten Klasse.

Phonemanalyse und -synthese

Zur vollständigen Segmentation von Wörtern in Laute bzw. der Synthese von Lauten zu Wörtern sind Schulanfänger noch kaum in der Lage. Nur etwa ein Viertel der Kinder bei Martschinke et al. (2001) konnten entsprechende Aufgaben lösen. Mitte der ersten Klasse lässt sich hier als Konsequenz aus der Auseinandersetzung mit dem alphabetischen Prinzip ein deutlicher Fortschritt identifizieren. Immerhin konnten 51 % der Kinder bei Stock et al. (2003) eine Aufgabe lösen, bei der komplexe Pseudowörter in Einzellaute segmentiert werden müssen.

Kinder im Vorschulalter verfügen über eine **gute implizite Silbenbewusstheit**, während die explizite Anwendung dieser Fähigkeiten kaum gelingt. Im Vorschulalter sind zwar implizite Fähigkeiten auf Phonemebene beobachtbar, explizite Fähigkeiten auf dieser Ebene entwickeln sich jedoch üblicherweise erst in enger Wechselwirkung mit dem Erwerb des alphabetischen Prinzips der Schriftsprache im Laufe des ersten Schuljahres.

Überträgt man diese Ergebnisse auf die Diagnose und Förderung, ergibt sich als Schwerpunkt der Förderung im Vorschulbereich die Fokussierung der impliziten Bewusstheit für Silben, Reime und Phoneme, während die Anbahnung der expliziten Bewusstheit insbesondere auf Phonemebene parallel zum Erwerb der Schriftsprache im Mittelpunkt stehen sollte.

Konsequenzen für die Förderung

Auch wenn die Silben- und Reimebene z.T. nicht der phonologischen Bewusstheit im eigentlichen Sinn zugeordnet werden, sollten sie in der Förderung nicht vernachlässigt werden, da auf diese Weise ein explizites Bewusstsein auf Phonemebene erfolgreich vorbereitet werden kann.

Was die Identifizierung von Risikokindern angeht, sei darauf hingewiesen, dass bei Vorschulkindern ohne explizite Phonembewusstheit kein erhöhtes Risiko für die Ausbildung von Lese-Rechtschreib-Störungen vorliegt, da sich diese Fähigkeiten üblicherweise erst durch die Konfrontation mit Schriftsprache entwickeln. Auch Wimmer (1993b) vertritt die Ansicht, dass die Phonembewusstheit keine Voraussetzung, sondern eine Konsequenz des Leseunterrichts darstelle. Bei den allermeisten Kindern lässt sich diese durch einen einzellautorientierten Unterricht verbunden mit einer hohen Transparenz der Graphem-Phonem-Zuordnung recht schnell elizitieren (differenzielle Induktionshypothese; Wimmer et al. 1991).

differenzielle Induktionshypothese

Zusammenhänge zwischen der phonologischen Bewusstheit und dem Schriftspracherwerb

Eine präzise Aussage über die komplexen Zusammenhänge zwischen der phonologischen Bewusstheit und dem Schriftspracherwerb lässt sich durch die Analyse von Korrelations- und Trainingsstudien treffen. Korrelationsstudien versuchen zu ermitteln, ob die phonologische Bewusstheit mit Teilaspekten des Lesens und Schreibens in substantieller Beziehung steht, während mit Hilfe von Trainingsstudien die Effekte einer Förderung der phonologischen Bewusstheit auf den Erwerb der Schriftsprache untersucht wird.

Korrelationsstudien

Mann/Libermann (1984) konnten einen Zusammenhang zwischen der vorschulischen Bewusstheit auf Silbenebene und der Lesefähigkeit in der ersten Klasse nachweisen. 85 % der Kinder, die bei einer Silbenzählaufgabe ein festgelegtes Erfolgskriterium erreichten, wurden später als gute Leser klassifiziert, während dies nur bei 17 % der als leseschwach eingestuften Kinder der Fall war.

Ergebnisse aus dem angloamerikanischen Raum

Bradley/Bryant (1983) überprüften bei 368 Kindern im Alter von vier und fünf Jahren die phonologische Bewusstheit und deren Lesefähigkeit mehr als drei Jahre später. Die Kinder mussten im Vorschulalter aus drei oder vier Wörtern dasjenige identifizieren, das nicht mit den anderen im Reim, im Anlaut oder im Auslaut übereinstimmte. Diese impliziten phonologischen Fähigkeiten standen in signifikantem Zusammenhang mit den Lese- und Rechtschreibfähigkeiten, auch nachdem der Einfluss der Intelligenz und des Gedächtnisses kontrolliert wurde.

Ergebnisse aus dem deutschsprachigen Raum

Im Gegensatz dazu konnten Landerl et al. (1992) für den deutschsprachigen Raum nur mäßige Zusammenhänge zwischen der impliziten phonologischen Bewusstheit und der Lese- und Schreibkompetenz ermitteln. Die Fähigkeit, die am engsten mit der Lese- und Schreibkompetenz assoziiert war, war die explizite Phonembewusstheit, überprüft mittels einer Vokalersetzungsaufgabe.

Belege für die differenzielle Induktionshypothese

Dass Vorschulkinder mit ausgeprägter phonologischer Bewusstheit durchgängig zu den besten Lesern gehörten, aber nur wenige Kinder, die bei der Lautersetzungsaufgabe schlecht abschnitten, im Laufe der ersten beiden Schuljahre tatsächlich Lese-Rechtschreib-Schwierigkeiten entwickelten, kann als Beleg für die differenzielle Induktionshypothese (Wimmer et al. 1991) gewertet werden (s. Seite 51).

Damit soll die Bedeutung der phonologischen Bewusstheit für den Schriftspracherwerb nicht verneint werden. Wimmer (1993b, 217) formuliert als Regel für die schulische Praxis: „Wait and see [but] don't wait too long. If introduction to an alphabetic writing system does not induce phonemic awareness in a child [...], then there definitely is a need for quick intervention".

Ähnlich sind die Ergebnisse von Juel (1988) zu interpretieren. Sie stellt fest, dass leseschwache Kinder zum einen mit einer beeinträchtigten phonologischen Bewusstheit in ihre Schullaufbahn starten, zum anderen aber auch signifikant geringere Fortschritte in den ersten drei Schuljahren machten als eine Kontrollgruppe.

reziproke Zusammenhänge

Dass es sich zwischen der phonologischen Bewusstheit und dem Schriftspracherwerb um ein bidirektionales Wechselspiel handelt, legen Analysen der Arbeit von Lundberg et al. (1980) nahe. Die Autoren ermittelten signifikante Korrelationen zwischen der phonologischen Bewusstheit zum Ende der Vorschulzeit und der Lese-Rechtschreib-Fähigkeit ein und zwei Jahre später. Eine Reanalyse dieser Daten durch Wagner/Torgesen (1987) zeigte jedoch, dass die Korrelationen ihre Signifikanz verlieren, wenn Unterschiede in der vorschulischen Buchstabenkenntnis als Autoregressor berücksichtigt werden. Dieses Ergebnis kann dahingehend interpretiert werden, dass sich sowohl die phonologische Bewusstheit auf den Schriftspracherwerb als auch die vorschulische Buchstabenkenntnis auf die phonologische Bewusstheit und die Lesefähigkeit auswirkt.

Korrelationsanalysen ermitteln Zusammenhänge, ohne eine Aussage über die Richtung oder gar die Kausalität zu treffen. Eine kausale Verbindung zwischen zwei Variablen liegt nahe, wenn die positive Veränderung der einen zu verbesserten Kompetenzen in der anderen Variablen führt. Folgerichtig stellen Trainingsstudien einen weiteren Versuch dar, einen Zusammenhang zwischen der phonologischen Bewusstheit und dem Schriftspracherwerb zu belegen. Sie sind von besonderem Interesse, da erst bei positiven Ergebnissen eine Förderung der phonologischen Bewusstheit als effektive Präventionsmaßnahme interpretiert werden kann.

Trainingsstudien

Bradley/Bryant (1985) wählten 65 Kinder aus, die in ihrer Studie aus dem Jahr 1983 bei der Überprüfung der phonologischen Bewusstheit am schlechtesten abgeschnitten hatten, und teilten sie einer von vier Gruppen zu. Die Ergebnisse belegen zwar die Möglichkeit einer effektiven Förderung der phonologischen Bewusstheit im Vorschulalter, jedoch wirkte sich ein isoliertes Training der phonologischen Bewusstheit kaum auf die Lesekompetenz aus. Nur die Kinder, die ein Training der phonologischen Bewusstheit kombiniert mit dem Erlernen der PGK erhielten, waren den anderen Gruppen bei der Überprüfung der Lesefähigkeit signifikant überlegen. Dieses Ergebnis wurde von Hatcher et al. (1994) als „phonologische Verknüpfungshypothese" ausgearbeitet.

phonologische Verknüpfungshypothese

Eine Förderung, die die phonologische Bewusstheit mit der **systematischen Instruktion der wichtigsten PGK** verknüpft, ist wesentlich erfolgversprechender als eine bloße Förderung der phonologischen Bewusstheit. Dies gilt auch für das Vorschulalter.

Seit den 1990er Jahren wurde die Effektivität einer Förderung der phonologischen Bewusstheit auch im deutschsprachigen Raum evaluiert.

die Würzburger Studien

Schneider et al. überprüften in mehreren Trainingsstudien die Effizienz eines Programms, das aus dem Skandinavischen (Lundberg et al. 1988) ins Deutsche übertragen wurde und unter dem Titel „Hören, Lauschen, Lernen" (Küspert/Schneider 2002) weite Verbreitung gefunden hat (Schneider et al. 1997; 2000).

die erste Studie In einer ersten Studie (Schneider et al. 1997) mit 371 Vorschulkindern konnte zunächst gezeigt werden, dass die Kinder der Trainingsgruppe nach der Intervention bei allen Überprüfungen der phonologischen Bewusstheit signifikant bessere Leistungen erzielten als die Kontrollgruppe. Allerdings konnten „langfristige Auswirkungen des Trainingsprogramms […] lediglich für diejenige Teilgruppe der geförderten Kinder festgestellt werden, für die das Training nahezu optimal gestaltet wurde" (Schneider et al. 1994, 185). Nur für diese Kinder konnte eine signifikante Überlegenheit im Bereich der Lese-Rechtschreib-Fähigkeit Ende der ersten Klasse nachgewiesen werden.

die zweite Studie Diese Erfahrungen wurden bei der Durchführung einer zweiten Studie (Schneider et al. 1997, Studie 2) genutzt, bei der auf eine intensive Ausbildung und Supervision der Erzieherinnen und eine Fokussierung des Trainingsprogramms auf die Phonemanalyse und -synthese geachtet wurde. Im Vergleich zur ersten Studie fielen die Ergebnisse wesentlich überzeugender aus. Die Kinder der Trainingsgruppe waren der Kontrollgruppe bei den Überprüfungen des Lesens und Rechtschreibens in der ersten und der zweiten Klasse signifikant überlegen.

Studie mit Risikokindern Von einer Förderung der phonologischen Bewusstheit als Präventionsmöglichkeit kann aber erst dann gesprochen werden, wenn auch „Risikokinder" profitieren und so der Entwicklung von Lese-Rechtschreib-Störungen vorgebeugt werden kann. Dies wurde in einer dritten Studie mit Kindern überprüft, die aufgrund ihres Abschneidens im BISC (Jansen et al. 2002) als Risikokinder klassifiziert und einer von drei Gruppen mit unterschiedlichen Trainingsbedingungen zugeteilt wurden (Roth 1999).

- **Gruppe 1 (pB-Gruppe)** erhielt eine isolierte Förderung der phonologischen Bewusstheit (Küspert / Schneider 2002).
- **Gruppe 2 (PGK-Gruppe)** erhielt ein Buchstaben-Laut-Training, das sich auf die Verknüpfung der „akustischen Form des Buchstabenlautes mit dessen visueller Repräsentation" konzentrierte (Roth / Schneider 2002, 101).
- **Gruppe 3 (pB+PGK-Gruppe)** erhielt ein kombiniertes Training aus Elementen beider Programme.

In zeitlicher Intensität entsprach die Intervention der Gruppe 3 den anderen beiden Programmen, sodass unter dieser Bedingung nicht alle Elemente der anderen beiden Maßnahmen realisiert wurden.

Waren die drei trainierten Risikogruppen einer zufällig ausgewählten Kontrollgruppe (aus ethischen Gründen verzichtete man auf die Bildung einer Kontrollgruppe aus Risikokindern) im Vortest vor allem im Bereich der phonologischen Bewusstheit unterlegen, zeigten die Befunde der Überprüfungen zu Beginn des ersten Schuljahres, dass sich die Leistungen der pB-Gruppe und der pB+PGK-Gruppe sowie der Kontrollgruppe in diesem Bereich nicht mehr unterschieden.

Auch wenn die Kontrollgruppe den Trainingsgruppen bei den meisten Überprüfungen der Lese-Rechtschreib-Kompetenzen in den folgenden drei Jahren überlegen war, entwickelte nur ein kleiner Prozentsatz der Risikokinder am Ende des dritten Schuljahres schwerwiegende Lese- und Rechtschreib-Schwierigkeiten, was als Beleg für die langfristige Wirkung der Intervention interpretiert werden kann.

langfristige Wirkungen

Grenzen einer Förderung der phonologischen Bewusstheit

Die positiven Ergebnisse der Trainingsstudien und die intensive Vermarktung entsprechender Trainingsprogramme führten dazu, dass die Förderung der phonologischen Bewusstheit zum Teil als Allheilmittel gegen die Ausbildung von Schriftspracherwerbsstörungen angesehen wird. Da es sich beim Lesen und Schreiben aber um hochkomplexe Fähigkeiten handelt, erscheint es zweifelhaft, dass der Schriftspracherwerb nur an eine kognitive Grundbedingung geknüpft ist. Aus diesem Grund müssen, trotz der unbestrittenen Notwendigkeit einer phonologisch orientierten Förderung, auch deren Grenzen betont werden.

Im Mittelpunkt der Kritik steht der mangelnde Transfer der Trainingseffekte. Während die Ergebnisse der Würzburger Arbeiten durchaus positive Auswirkungen auf den Erwerb der Schriftsprache nahe legen, geben die Ergebnisse anderer Arbeiten nicht zu übertriebener Euphorie Anlass.

Dies scheint besonders auf sprachbeeinträchtigte Kinder zuzutreffen. Hartmann (2003) verglich die Leistungen von zwei Trainingsgruppen spracherwerbsgestörter Vorschulkinder mit einer logopädisch behandelten Kontrollgruppe sprachauffälliger Kinder und einer Kontrollgruppe sprachunauffälliger Kinder. Nach einer viermonatigen Intervention, während der die Trainingsgruppen eine wöchentliche Förderung der phonologischen Bewusstheit erhielten, konnte zwar eine Überlegenheit der Trainingsgruppen in diesem Bereich nachgewiesen werden, jedoch wiesen Trainings- und Kontrollgruppen fünf Monate nach der Intervention vergleichbare Leistungen im Wortlesen und Wortschreiben auf (Hartmann 2003, 31, Hervorhebung A. M.):

geringe Effekte bei sprachlich beeinträchtigten Kindern

„Damit muss die Annahme verworfen werden, dass die *vorschulische* Intervention mittelfristig bedeutsame Auswirkungen auf den schulischen Schriftspracherwerb von spracherwerbsgestörten Kindern hat."

Zahlreiche andere Studien kamen zu dem Ergebnis, dass sich eine erfolgreiche Förderung der phonologischen Bewusstheit in den meisten Fällen zwar posi-

marginale Fortschritte bei der direkten Worterkennung tiv auf den Erwerb des indirekten Lesewegs auswirkt, sich aber nur marginale Fortschritte bei der direkten Worterkennung und dem Leseverständnis nachweisen lassen. Torgesen et al. (1997) fordern jedoch von einer effektiven Prävention, dass nicht nur eine Grundlage für das Erlernen des phonologischen Rekodierens gelegt wird, sondern auch Automatisierungsprozesse angebahnt werden. Insbesondere die Forderung nach einem derartigen Transfereffekt konnte in empirischen Untersuchungen kaum erfüllt werden. Selbst nach einer zeitintensiven phonologisch orientierten Intervention (Torgesen et al. 2001), in der leseschwache Kinder über einen Zeitraum von acht bis neun Wochen täglich zweimal 50 Minuten gefördert wurden, lagen die Werte für die Lesegeschwindigkeit und die direkte Worterkennung eindeutig im unterdurchschnittlichen Bereich. Dieses Problem zeigte sich auch in der Arbeit von Olson et al. (1997). Sie kommen zu dem Ergebnis, „[that] the more explicit phonological based programs produced better phonological decoding, but not better word recognition in most measures" (Olson et al. 1997, 249).

Auch Lyon / Moats (1997) kommen in einer Metaanalyse zu dem Ergebnis, dass eine verbesserte phonologische Bewusstheit und Lesegenauigkeit nicht zwangsläufig zu Verbesserungen der Leseflüssigkeit führen.

Zusammenfassung

Diese hier nur grob skizzierten Forschungsergebnisse legen nahe, dass eine phonologisch orientierte Förderung dazu geeignet ist, Kindern den Einstieg in die Schriftsprache zu erleichtern. Für viele Kinder scheint der Weg zum kompetenten Leser damit ausreichend geebnet zu sein. Vielfältige Leseerfahrungen in der Schule und in der Freizeit ermöglichen die Automatisierung der Worterkennung, die üblicherweise mit einem adäquaten Leseverständnis einhergeht. Auf der anderen Seite handelt es sich dabei offensichtlich nicht um eine zwangsläufige Entwicklung. Die Automatisierung des Leseprozesses scheint ein Prozess zu sein, der sich weitgehend unabhängig von der phonologischen Bewusstheit entwickelt und deshalb einer spezifischen Förderung bedarf.
Die letzte Funktion der phonologischen Informationsverarbeitung gibt Auskunft darüber, mit welchen Aspekten der Automatisierungsprozess primär assoziiert ist.

3.4 Die Benennungsgeschwindigkeit

Die Funktion der phonologischen Informationsverarbeitung, die im Zusammenhang mit Störungen automatisierter Leseprozesse besondere Beachtung verdient, ist die Zugriffsgeschwindigkeit auf phonologische Repräsentationen im Langzeitgedächtnis, die durch Überprüfungen der Benennungsgeschwindigkeit ermittelt werden kann.

> **Definition**
>
> Die **Benennungsgeschwindigkeit** wird als Fähigkeit definiert, visuell präsentierte Reize möglichst schnell zu identifizieren, die entsprechenden phonologischen Codes im mentalen Lexikon zu aktivieren, einen artikulatorisch-motorischen Plan zu entwerfen und das entsprechende Wort (oder den entsprechenden Laut) schließlich zu artikulieren.

Phonologische Codes möglichst schnell zu aktivieren, ist eine Fähigkeit, die auch in der lautsprachlichen Kommunikation ständig benötigt wird, da wir durchgängig auf die phonologischen Informationen der unserer kommunikativen Intention entsprechenden Wörter zugreifen müssen. Die mit der Lesekompetenz assoziierte Benennungsgeschwindigkeit („naming-speed", „rapid automatized naming" [RAN]) meint nun speziell die Fähigkeit, phonologische Repräsentationen zu visuell präsentierten Stimuli automatisiert und schnell aktivieren zu können. Damit handelt es sich bei der Benennungsgeschwindigkeit um einen Spezialfall der Zugriffsgeschwindigkeit auf phonologische Repräsentationen.

Benennungsgeschwindigkeit als Spezialfall der Zugriffsgeschwindigkeit

Die Schnellbenennung stellt eine komplexe Fähigkeit dar, bei der neben der Zugriffsgeschwindigkeit auf phonologische Repräsentationen unterschiedliche kognitive, sensorische und linguistische Fähigkeiten eine Rolle spielen (visuelle Identifizierungs- und diskriminationsprozesse, Verarbeitungsgeschwindigkeit, Artikulationsgeschwindigkeit etc.). Aus diesem Grund wird die Einordnung der Benennungsgeschwindigkeit unter das Dach der phonologischen Informationsverarbeitung von einigen Forschungsgruppen generell in Frage gestellt (Wolf/Bowers 1999). Da der Zugriff auf phonologische Repräsentationen aber der Faktor zu sein scheint, der Unterschiede in der Benennungsgeschwindigkeit am besten erklären kann (Faust et al. 2003), wird im vorliegenden Buch die Einordnung der Benennungsgeschwindigkeit unter den Bereich der phonologischen Informationsverarbeitung beibehalten.

Benennungsgeschwindigkeit als komplexe Fähigkeit

> Neben der phonologischen Bewusstheit und der Kapazität des phonologischen Arbeitsgedächtnisses ist die **Zugriffsgeschwindigkeit** auf phonologische Repräsentationen im mentalen Lexikon die dritte Funktion der phonologischen Informationsverarbeitung. Die Geschwindigkeit, mit der vertraute, visuell präsentierte Items benannt werden können (Benennungsgeschwindigkeit), ist ein Spezialfall dieser Funktion, der mit der automatisierten Worterkennung im Zusammenhang steht.

Überprüft wird diese Fähigkeit üblicherweise durch den „RAN-Test" von Denckla/Rudel (1976), der modifiziert auch in einigen deutschsprachigen Testverfahren Eingang gefunden hat (Glück 2001, Jansen et al. 2002). In der ursprünglichen Version wird dem Kind eine Reihe visueller Reize, bestehend aus fünf unterschiedlichen Stimuli derselben Kategorie (Buchstaben, Zahlen, Farben, Objekte) dargeboten, die in beliebiger Reihenfolge zehnmal wiederholt werden, sodass insgesamt fünfzig Items benannt werden müssen. Dabei sind alle Stimuli gleichzeitig sichtbar (Abb. 15a–b).

S	T	E	M	P		5	6	4	8	2
E	P	M	T	S		6	2	8	4	5
P	M	T	S	E		2	8	6	5	4
M	S	E	T	P		8	4	5	6	2
E	S	M	P	T		4	5	8	2	6
E	T	S	P	M		5	8	6	2	4
P	E	M	T	S		2	5	6	8	4
E	P	S	M	T		8	4	2	6	5
M	S	T	E	P		4	8	6	5	2
S	T	E	P	M		5	6	8	2	4

Abb. 15a–b: Überprüfungen der Benennungsgeschwindigkeit in Anlehnung an Denckla/Rudel (1976, vgl. Mayer 2009b)

Bei Überprüfungen der Benennungsgeschwindigkeit soll nicht die Kenntnis der Items im Sinne eines Wortschatztests ermittelt werden, sondern alleine die Geschwindigkeit, mit der verbale Repräsentationen aktiviert werden können. Aus diesem Grund werden für die einzelnen Subtests ausschließlich Stimuli gewählt, die Kindern auf einer bestimmten Altersstufe vertraut sind und üblicherweise automatisiert benannt werden können.

 Bei der Beschreibung der Zusammenhänge zwischen der Benennungsgeschwindigkeit und der Lesefähigkeit kann im angloamerikanischen Raum mittlerweile auf eine relativ lange Forschungstradition zurückgeblickt werden. Eine ausführliche Aufarbeitung des Forschungsstandes findet sich bei Mayer (2008). Es herrscht weitgehend Konsens, dass sich dyslektische und durchschnittlich lesende Kinder sowohl durch Unterschiede in der phonologischen Bewusstheit als auch in der Benennungsgeschwindigkeit charakterisieren lassen und dass entsprechende Defizite mit unterschiedlich gelagerten Schwierigkeiten beim Erwerb der Schriftsprache assoziiert sein können (Wolf/Bowers 1999).

Forschungsergebnisse

In einer ersten Untersuchung verglichen Denckla/Rudel (1976) die Benennungsgeschwindigkeit von Kindern mit spezifischer Lese-Rechtschreib-Störung, einer Gruppe durchschnittlich lesender Kinder und einer Gruppe von Kindern mit schulischen Lernproblemen, aber durchschnittlichen schriftsprachlichen Kompetenzen im Alter von sieben bis zwölf Jahren. Die Autoren konnten zeigen, dass die Gruppe dyslektischer Kinder auf allen Altersstufen bei allen Überprüfungen der Benennungsgeschwindigkeit (Buchstaben, Zahlen, Farben und Objekte) signifikant schlechtere Leistungen erzielte als die beiden anderen Gruppen. Für die Benennung der 50 Items brauchten leseschwache Kinder zum Teil 24 Sekunden länger als die Kontrollgruppe, was einem Unterschied von 75 % entspricht. Obwohl die Benennungsgeschwindigkeit leseschwacher Kinder im Laufe des Grundschulalters deutlicher zunahm als die der durchschnittlich lesenden Kinder, konnte deren Niveau bei keiner Überprüfung erreicht werden.

spezifisches „naming-speed-deficit" bei dyslektischen Kindern

Die Ergebnisse weisen auch darauf hin, dass das „naming-speed-deficit" mit spezifischen Beeinträchtigungen des Lese- und Schreibprozesses und nicht allgemein mit Lernschwierigkeiten assoziiert ist, da es bei Kindern mit schulischen Lernproblemen und durchschnittlicher Lesekompetenz in geringerem Ausmaß nachweisbar war.

Wolf et al. (1986) kamen zu dem Ergebnis, dass sich das „naming-speed-deficit" bei einem Großteil der Kinder, die später als leseschwach klassifiziert wurden, bereits im Vorschulalter nachweisen ließ.

Benennungsgeschwindigkeit als Prognoseindikator

Entsprechende Überprüfungen sollten in vorschulische Screening-Verfahren integriert werden, um Risikokinder für die Ausbildung von Lese-Rechtschreib-Störungen zuverlässig identifizieren zu können. Während im Vorschulalter auch Überprüfungen der Benennungsgeschwindigkeit für Farben und Objekte die spätere Lesefähigkeit prognostizieren können, ist es ab der ersten Klasse primär die Benennungsgeschwindigkeit für Buchstaben und Zahlen, die mit dem Erfolg im Schriftspracherwerb assoziiert ist.

langfristige Auswirkungen eines „naming-speed-deficit"

Den prädiktiven Wert der Benennungsgeschwindigkeit konnten Meyer et al. (1998) bestätigen. Zwischen 41 % und 47 % der Unterschiede in der Worterkennung in der dritten, fünften und achten Klasse konnten durch das „naming-speed" in der dritten Klasse erklärt werden. Allerdings beschränkt sich der prognostische Wert der Benennungsgeschwindigkeit auf leseschwache Kinder. In der Kontrollgruppe hatte diese keinen Einfluss. Die schriftsprachlichen Kompetenzen dieser Gruppe konnten allein durch das Abschneiden bei einer Überprüfung der phonologischen Bewusstheit prognostiziert werden. Eine mögliche Erklärung liefert die „Schwellenhypothese" von Walsh et al. (1988), die annimmt, dass sich die Benennungsgeschwindigkeit nur bis zu einer bestimmten Schwelle auf den Schriftspracherwerb auswirkt. Daraus folgern die Autoren, dass nur deutlich ausgeprägte Defizite in der Schnellbenennung mit der Worterkennung in Zusammenhang stehen.

Prognose für Kinder mit einem „naming-speed-deficit"

Dass sich der Einfluss der Benennungsgeschwindigkeit bei leseschwachen Kindern bis in die achte Klasse nachweisen lässt, spricht für eine äußerst ungünstige langfristige Prognose. Während Schwierigkeiten beim Schriftspracherwerb in der Folge eines Defizits in der phonologischen Bewusstheit durch einen entsprechend gestalteten Erstleseunterricht meist recht schnell überwunden werden können, stellt ein „naming-speed-deficit" ein Risiko dar, das zu persistierenden Leseschwierigkeiten führen kann. Wood (o. J., zit. nach Blachman 1994, 290) fasst es pointiert zusammen: „Poor phoneme awareness may get the child into a remedial program, but also having a naming rate deficit may be what keeps the child in the program".

Diese Aussage wird unterstützt durch die Ergebnisse einer Arbeit von Korhonen (1991). Er konnte zeigen, dass der bereits hohe prozentuale Anteil leseschwacher Kinder in einer Subgruppe mit markanten Benennungsschwierigkeiten zwischen der ersten und sechsten Klasse stabil blieb, während der prozentuale Anteil leseschwacher Kinder in den anderen Gruppen in diesem Zeitraum deutlich abnahm.

Zusammenhänge zwischen der Benennungsgeschwindigkeit und unterschiedlichen Komponenten der Lesefähigkeit

Benennungsgeschwindigkeit und automatisierte Leseprozesse

Im vorigen Kapitel wurde betont, dass die phonologische Bewusstheit vor allem mit dem Erwerb des alphabetischen Prinzips assoziiert ist und durch eine phonologisch orientierte Förderung primär die indirekte Lesestrategie und das lautgetreue Schreiben beeinflusst werden. Meist sind jedoch keine Auswirkungen auf automatisierte Leseprozesse nachweisbar. In den letzten beiden Jahrzehnten lassen sich in der Forschungsliteratur zahlreiche Belege dafür finden, dass die Automatisierung des Leseprozesses vor allem von der Benennungsgeschwindigkeit abhängt.

Cornwall (1992, 537) ermittelte eben diese Zusammenhänge, die so oder ähnlich noch häufig repliziert wurden. Sie fasst ihre Forschungsergebnisse folgendermaßen zusammen:

> „phonological awareness enables the youngster to discover and exploit the alphabetic principle, thereby becoming able to determine individual words, that she or he has not seen before […]. In the general school population, there is a developmental shift at ages 8 to 10 from a phonologically mediated word recognition process to rapid recognition of words. […] rapid naming tasks, may affect the ease with which youngsters are able to develop automaticity in word recognition."

Auch Wolf et al. (2002) zeigten in einer Studie mit 144 leseschwachen Kindern der zweiten und dritten Klasse, dass die Benennungsgeschwindigkeit vor allem mit der automatisierten Worterkennung und kaum mit der indirekten Lesestrategie assoziiert ist, während sich für die phonologische Bewusstheit genau das umgekehrte Muster nachweisen ließ. In einer eigenen Untersuchung (Mayer 2008) konnten signifikante Korrelationen zwischen der phonologischen Bewusstheit und der indirekten Lesestrategie sowie der Schnellbenennung und der Lesegeschwindigkeit nachgewiesen werden, während der Zusammenhang mit der jeweils anderen Leseüberprüfung nicht signifikant war.

Entsprechend sollte ein Defizit in der phonologischen Bewusstheit bereits die ersten Schritte beim Lesen- und Schreibenlernen beeinträchtigen, während ein Defizit in der Benennungsgeschwindigkeit erst dann offensichtlich wird, wenn es durchschnittlich lesenden Kindern gelingt, den indirekten Leseweg sukzessive durch den direkten Leseweg zu ergänzen. Genau dieser Schritt, der Wechsel von der alphabetischen zur orthographischen Strategie, scheint Kindern mit einem „naming-speed-deficit" schwer zu fallen. Es gelingt ihnen zwar, das phonologische Rekodieren zu erlernen, jedoch verharren sie auf dieser Strategie, sodass das Lesetempo beeinträchtigt ist und der Leseprozess insgesamt angestrengt und mühsam wirkt. Bestätigt werden diese Annahmen durch eine Untersuchung von Kirby et al. (2003). Deren Ergebnisse unterstreichen die Bedeutung der phonologischen Bewusstheit im Vorschulalter für die ersten Schritte beim Lesen- und Schreibenlernen, während die Benennungsgeschwindigkeit in den ersten beiden Jahrgangsstufen eine geringere Bedeutung hat. Während die Bedeutung der phonologischen Bewusstheit im Laufe der Grundschulzeit abnimmt, kann die Lesefähigkeit in den höheren Jahrgangsstufen durch die Benennungsgeschwindigkeit wesentlich besser prognostiziert werden. Nur 5 % bis 10 % der Kinder mit einer beeinträchtigten phonologischen Bewusstheit im Vorschulalter fielen in den Jahrgangsstufen drei bis fünf noch durch Schwierigkeiten mit der Schriftsprache auf. Immerhin 22 % bis 25 % der Kinder mit einem „naming-speed-deficit" entwickelten Leseschwierigkeiten. Am höchsten war der Prozentsatz leseschwacher Kinder in der Gruppe mit einem „doppelten Defizit". Sie schnitten bei standardisierten Überprüfungen der Lesefähigkeit zum Teil bis zu drei Jahren unter der Altersnorm ab.

„double-defict-Hypothese"

Insbesondere die kumulativen Auswirkungen eines doppelten Defizits veranlasste Wolf / Bowers (1999) die „double-deficit-Hypothese" zu formulieren. Sie unterscheiden **drei Subgruppen leseschwacher Kinder:**

- Kinder mit beeinträchtigter phonologischer Bewusstheit, aber durchschnittlicher Schnellbenennung („phonological awareness deficit"),
- Kinder mit durchschnittlicher phonologischer Bewusstheit, aber beeinträchtigter Benennungsgeschwindigkeit („naming-speed-deficit"),
- Kinder mit beeinträchtigter phonologischer Bewusstheit und einer beeinträchtigten Benennungsgeschwindigkeit („double deficit").

Ergebnisse aus Ländern mit transparenteren Orthographien

Mittlerweile liegen auch aus Ländern mit transparenteren Orthographien als der englischen (Spanisch, Italienisch, Finnisch, Deutsch) Forschungsergebnisse zur Bedeutung der Benennungsgeschwindigkeit vor. Es herrscht weitgehend Konsens, dass der Benennungsgeschwindigkeit als Prädiktor für den Schriftsprach-erwerb eine wichtigere Rolle zukommt als der phonologischen Bewusstheit (Wimmer et al. 2000; Holopainen et al. 2001; Georgiou et al. 2008).

Italienisch

Brizzolara et al. (2006) konnten für italienische Kinder zeigen, dass nur bei Kindern, deren Leseschwierigkeiten mit Spracherwerbsstörungen assoziiert sind, Defizite in der phonologischen Bewusstheit offensichtlich werden, während diese bei leseschwachen Kindern mit durchschnittlichen lautsprachlichen Kompetenzen nur in geringem Ausmaß nachgewiesen werden konnten. Unabhängig von der Koexistenz mit lautsprachlichen Beeinträchtigungen konnte bei einem großen Teil leseschwacher Kinder ein „naming-speed-deficit" festgestellt werden.

Finnisch

Für finnische Kinder kamen Holopainen et al. (2001) zu dem Ergebnis, dass Überprüfungen der phonologischen Bewusstheit im Vorschulalter keine zuverlässige Prognose über den Erfolg beim Erwerb der Schriftsprache zulassen, während die Schnellbenennung den besten Prädiktor der Automatisierung des Leseprozesses in der zweiten Klasse darstellte.

Wimmer (1993a) kam für deutschsprachige Kinder zu dem Ergebnis, dass die Benennungsgeschwindigkeit das Merkmal ist, das am besten zwischen leseschwachen und durchschnittlich lesenden Kindern differenzieren kann. In einer eigenen Untersuchung (Mayer 2008) war nur bei 8 % leseschwacher Kinder der zweiten Klasse, operationalisiert durch eine Überprüfung der Lesegeschwindigkeit, ein Defizit in der phonologischen Bewusstheit, aber bei 44 % ein „naming-speed-deficit" nachweisbar. Bei etwa 15 % war ein Defizit in beiden Funktionen („double-deficit") offensichtlich. Diese Ergebnisse widersprechen eindeutig der Annahme von Schnitzler (2008), dass ein „naming-speed-deficit" nur in Kombination mit einem phonologischen Defizit auftritt.

Deutsch

Es wäre aber ein Trugschluss anzunehmen, dass eine Förderung der phonologischen Bewusstheit in Ländern mit transparenten Orthographien überflüssig wäre. Auch wenn sich ein entsprechendes Defizit aufgrund der Transparenz der PGK und eines stark einzellautorientierten Vorgehens im Erstleseunterricht nicht so nachhaltig auswirkt wie im angloamerikanischen Raum, bedarf es insbesondere bei Kindern, deren phonologische Bewusstheit sich nicht in den ersten Wochen des Schriftspracherwerbs ausbildet, einer optimierten Förderung, die sich an einigen zentralen Leitlinien zu orientieren hat (Kap. 5.1).

Bedeutung der phonologischen Bewusstheit

Erklärungsversuche

Während die Bedeutung der phonologischen Bewusstheit für das Lesen- und Schreibenlernen einsichtig ist, ist der Zusammenhang zwischen der Benennungsgeschwindigkeit und der automatisierten Worterkennung weit weniger einleuchtend und wird noch kontrovers diskutiert. „What RAN tasks measure and why they are related to reading are clearly questions that warrant further investigation" (Georgiou et al. 2008, 576).

Eine der ersten Erklärungen stammt von Geschwind (1965, zit. nach Wolf et al. 2000). Er sah den Zusammenhang zwischen der Lesefähigkeit und der Benennungsgeschwindigkeit in den vergleichbaren kognitiven Fähigkeiten, die beiden Leistungen zugrunde liegen, nämlich dem Zugriff auf eine verbale Repräsentation zu einem abstrakten visuellen Stimulus.

Geschwind

Abb. 16: Zusammenhang zwischen der Schnellbenennung und dem Lesen (nach Geschwind 1965, vgl. Wolf et al. 2000, 387)

Bei Überprüfungen der Benennungsgeschwindigkeit muss zu dem abstrakten visuellen Farbsymbol im mentalen Lexikon die verbale Repräsentation aufgefunden und aktiviert werden. Beim Lesen muss zu dem abstrakten visuellen Stimulus eines Buchstabens im mentalen Lexikon der entsprechende Laut aufgefunden und aktiviert werden.

Erklärung von Bowers et al.

Eine Erklärung, die auch der Förderung der automatisierten Worterkennung in Kapitel 5.4 zugrunde liegt, stammt von Bowers et al. (1994, 203):

> „If a beginning reader is slow in identifying individual letters (as indexed by rapid naming tests), then single letters in a word will not be activated in sufficiently close temporal proximity to allow the child to become sensitive to letter patterns that frequently co-occur in print."

Die Autoren gehen also davon aus, dass es Kindern mit einem „naming-speed-deficit" nicht gelingt, den Leseprozess zu automatisieren, weil sie Schwierigkeiten haben, häufig vorkommende Buchstabenfolgen simultan zu verarbeiten. Dies hängt damit zusammen, dass die einzelnen Buchstaben eines Wortes zu langsam identifiziert und in zu großer zeitlicher Distanz verarbeitet werden. Genau diese verzögerte Aktivierung phonologischer Repräsentationen kann durch Überprüfungen der Benennungsgeschwindigkeit nachgewiesen werden. Wenn Kindern die ganzheitliche Verarbeitung häufig vorkommender Graphemfolgen erschwert ist, werden die einzelnen Buchstaben eines Wortes in sukzessiver Reihenfolge verarbeitet und die Kinder verharren auf der Anwendung der indirekten Lesestrategie.

Bestimmung eines Defizitkriteriums

Um ein Defizit in der phonologischen Bewusstheit festzustellen, liegen mittlerweile zahlreiche Verfahren vor (Jansen et al. 2002; Stock et al. 2003; Hartmann/Dolenc 2005). Für die Benennungsgeschwindigkeit existiert aktuell kein vergleichbares standardisiertes Verfahren, sodass es schwer fällt, ein „naming-speed-deficit" zuverlässig zu identifizieren.

An der Universität zu Köln wurde kürzlich ein Forschungsprojekt beendet, das standardisierte Werte für die Benennungsgeschwindigkeit ermittelte (Mayer 2009b). Insgesamt wurde die Benennungsgeschwindigkeit von 280 Kindern zwischen der ersten und der vierten Klasse mit drei RAN-Tests Buchstaben, Zahlen, Farben ermittelt. Die Ergebnisse ermöglichen es, ein Defizit in der Benennungsgeschwindigkeit zu identifizieren. Ein „naming-speed-deficit" wird diagnostiziert, wenn ein Kind bei den

Überprüfungen der Benennungsgeschwindigkeit einen Wert aufweist, der mindestens eine Standardabweichung unter dem Mittelwert der entsprechenden Altersgruppe liegt. Bei Kindern, die in der ersten Klasse bei „RAN-Buchstaben" länger als 45 Sekunden oder bei „RAN-Zahlen" länger als 48 Sekunden benötigen, liegt der Verdacht eines „naming-speed-deficit" nahe. Die entsprechenden Werte für die anderen Jahrgangsstufen können Tab. 6 entnommen werden.

Tab. 6: Kriterium für die Identifizierung eines „naming-speed-deficit"

Altersgruppe	RAN-Buchstaben	RAN-Zahlen
1. Klasse	< 1,12 Items / Sekunde Gesamtzeit > 45 Sek.	< 1,05 Items / Sekunde Gesamtzeit > 48 Sek.
2. Klasse	< 1,26 Items / Sekunde Gesamtzeit > 40 Sek.	< 1,37 Items / Sekunde Gesamtzeit > 37 Sek.
3. Klasse	< 1,56 Items / Sekunde Gesamtzeit > 32 Sek	< 1,62 Items / Sekunde Gesamtzeit > 31 Sek.
4. Klasse	< 1,56 Items / Sekunde Gesamtzeit > 32 Sek.	< 1,81 Items / Sekunde Gesamtzeit > 28 Sek.

Besondere Bedeutung der Förderung automatisierter Leseprozesse im deutschsprachigen Raum

Ein Großteil der Forschungsergebnisse zur Lese-Rechtschreib-Störung stammt aus dem angloamerikanischen Raum. Aufgrund der Unterschiede in der Transparenz der GPK und der damit zusammenhängenden divergierenden methodischen Schwerpunktsetzungen im Erstleseunterricht ist jedoch anzunehmen, dass Schriftspracherwerbsstörungen im angloamerikanischen Raum ein anderes Bild zeigen als in deutschsprachigen Ländern. So charakterisieren Lyon / Moats (1997) die Dyslexie für den angloamerikanischen Raum als die Schwierigkeit, unbekannte Wörter phonologisch zu rekodieren, weil es den Kindern nicht gelingt, die GPK zu automatisieren. Auch Felton (1993) betrachtet den Erwerb des alphabetischen Prinzips als kritische Komponente des Lesen- und Schreibenlernens.

Lese-Rechtschreib-Störungen in unterschiedlichen Orthographien

Im Gegensatz dazu konnten Aro / Wimmer (2003) zeigen, dass Kinder, die eine transparente Orthographie erlernen, mit dem Erlernen des phonologischen Rekodierens weit weniger Schwierigkeiten haben. Während deutschsprachige Kinder, ähnlich wie Kinder aus Finnland, Schweden und Spanien, Pseudowörter bereits am Ende der ersten Klasse mit einer Genauigkeit von etwa 90 % lesen konnten, wurde dieser Wert von englischsprachigen Kindern erst Ende der vierten Klasse erreicht.

hohe Lesegenauigkeit deutschsprachiger leseschwacher Kinder

Dass dies auch für leseschwache Kinder gilt, konnte Wimmer (1993a) zeigen. Leseschwache Kinder der dritten Klasse erzielten bei einer Überprüfung der Lesegenauigkeit etwa die gleichen Werte wie durchschnittlich lesende Kontrollkinder.

Beeinträchtigung der Lesegeschwindigkeit

Weitere Analysen ergaben, dass man vor allem anhand des Kriteriums der Worterkennungsgeschwindigkeit zwischen durchschnittlich lesenden und leseschwachen Kindern differenzieren kann. Dyslektische Kinder schnitten bei allen Leseaufgaben signifikant langsamer als die Kontrollgruppe ab. In der zweiten Klasse lagen die Mittelwerte für die Lesegeschwindigkeit dyslektischer Kinder doppelt so hoch wie für die Kontrollgruppe. Der Mittelwert leseschwacher Kinder der vierten Klasse war höher als der durchschnittlich lesender Kontrollkinder der zweiten Klasse.

Die **zentrale Schwierigkeit deutschsprachiger leseschwacher Kinder** liegt darin, das langsame und mühsame synthetisierende Lesen zugunsten der automatisierten Worterkennung abzubauen. Es resultiert das charakteristische Bild leseschwacher Kinder, die trotz hoher Lesegenauigkeit spezifische Schwierigkeiten mit der Automatisierung des Leseprozesses zeigen.

Benennungsgeschwindigkeit als primärer Prognoseindikator

Vor dem Hintergrund dieser Charakteristik der Dyslexie in Ländern mit transparenten Orthographien sowie den empirisch belegten Zusammenhängen zwischen der Benennungsgeschwindigkeit und der automatisierten Worterkennung werden auch die Forschungsergebnisse nachvollziehbar, die für Länder mit transparenten Orthographien die Benennungsgeschwindigkeit als primären Prognoseindikator für den Erfolg beim Schriftspracherwerb ermitteln konnten (Holopainen et al. 2001; Brizzolara et al. 2006).

Aufgrund der Tatsache, dass phonologisch orientierte Interventionsprogramme nicht zwangsläufig zur Ausbildung automatisierter Lesekompetenzen führen, besteht die Notwendigkeit, spezifische Fördermaßnahmen zu entwickeln, die dieses Problem fokussieren.

In Kapitel 5.4 werden dazu zahlreiche Vorschläge gemacht.

4 Diagnostik

Tab. 7 gibt einen Überblick über gängige Verfahren, die zur Überprüfung spezifischer Voraussetzungen für einen erfolgreichen Schriftspracherwerb und zur Ermittlung unterschiedlicher schriftsprachlicher Kompetenzen in der Praxis eingesetzt werden können. Die Auswahl orientiert sich an der Relevanz der Verfahren für die (vor-)schulische Praxis. Es wurden primär Diagnostika berücksichtigt, die sich zum einen in der Durchführung als ökonomisch erwiesen haben, und zum anderen die Möglichkeit einer differenzierten, förderdiagnostisch relevanten Auswertung bieten. Überprüfungen des phonologischen Arbeitsgedächtnisses und der Benennungsgeschwindigkeit werden an dieser Stelle nicht mehr berücksichtigt. Sie wurden bereits in den Kapiteln 3.2 und 3.4 erläutert.

Eine umfassende Übersicht diagnostischer Verfahren für die pädagogische Praxis findet sich bei Tollkühn / Spreer (2005).

Tab. 7: Diagnostische Verfahren im Überblick

Jansen, H., Mannhaupt, G., Marx, H., Skowronek, H.: BISC: Bielefelder Screening zur Früherkennung von Lese-Rechtschreibschwierigkeiten	
Diagnostische Zielsetzung	Durch die Überprüfung spezifischer Voraussetzungen für einen erfolgreichen Schriftspracherwerb sollen Risikokinder für die Ausbildung von Lese-Rechtschreibstörungen identifiziert werden.
Aufbau	Das Verfahren besteht aus neun Subtests. Überprüft werden die phonologische Bewusstheit: Reime erkennen, Silben segmentieren, Laute assoziieren (ein in zwei Teile segmentiert präsentiertes Wort synthetisieren), Laut-zu-Wort-Aufgabe (Übereinstimmung zwischen einem isolierten Vokal und dem Anlaut eines Wortes beurteilen); das phonetische Rekodieren im Kurzzeitgedächtnis (Pseudowörter nachsprechen); der schnelle Abruf aus dem Langzeitgedächtnis (Schnellbenennungsaufgaben) sowie die visuelle Aufmerksamkeitssteuerung (aus vier Alternativen zu einer vorgegebenen Graphemfolge die identische herausfinden). Die Aufgaben sind so konzipiert, dass sie üblicherweise auch von Vorschulkindern bewältigt werden können. Das Verfahren differenziert im unteren Drittel der Leistungsverteilung.
Durchführung	Einzeltest: Die Testitems für rezeptive Aufgabenstellungen werden von CD wiedergegeben. Das Verfahren kann zehn und vier Monate vor Schuleintritt eingesetzt werden. Es ist für Schulkinder nicht geeignet.
Normierung	Das Verfahren wurde für die beiden möglichen Testzeitpunkte (10 und 4 Monate vor Schuleintritt) anhand einer Stichprobe von 1120 Kindern normiert. Aus dieser Stichprobe wurden 177 Kinder gezogen und um neun Risikokinder ergänzt. Diese Gruppe

	bildete die repräsentative Stichprobe für die Längsschnittuntersuchung. Normwerte und Risikobereiche liegen sowohl für die einzelnen Subtests als auch für den Gesamtwert vor.
Auswertung	Für die meisten Subtests entspricht die Anzahl der richtig gelösten Items dem Punktwert für diese Aufgabe. Bei Aufgaben mit Zeitmessung wird diese mit Hilfe von Tabellen auf dem Protokollbogen in einen Punktwert umgerechnet. Bei Unterschreiten eines bestimmten Punktwerts erhalten die Kinder für diese Aufgabenstellung einen Risikopunkt. Ab insgesamt vier Risikopunkten ist die Klassifizierung „Risikokind" gerechtfertigt.
Dauer	ca. 30 Minuten
Barth, K., Gomm, B.: Gruppentest zur Früherkennung von Lese- und Rechtschreibschwierigkeiten. Phonologische Bewusstheit bei Kindergartenkindern und Schulanfängern (PB-LRS)	
Diagnostische Zielsetzung	Früherkennung von Risikokindern für die Ausbildung von Lese-Rechtschreibschwierigkeiten in den ersten vier Wochen nach der Einschulung. Das Verfahren kann auch in Schulkindergärten und in verkürzter Form bei Kindergartenkindern eingesetzt werden. Es gibt einen Überblick über die vorhandene phonologische Bewusstheit.
Aufbau	Das Verfahren besteht aus sechs Subtests, die primär implizite Fähigkeiten aus dem Bereich der phonologischen Bewusstheit erfassen. Im Einzelnen werden die Reimerkennung, Silbensegmentation, Anlautanalyse, Lautsynthese, die Erfassung der Wortlänge und die Identifizierung des Endlautes überprüft. Im Kindergarten werden nur die Subtests 1–4, in der Schule alle Subtests durchgeführt.
Durchführung	Gruppenscreening: im Kindergarten sollten maximal 6 Kinder, in der Schule maximal 12 Kinder an der Durchführung teilnehmen. (Der PB-LRS kann auch als Einzeltest durchgeführt werden.)
Normierung	Die angegebenen Werte für eine Risikoklassifizierung beruhen auf einer Untersuchung von 105 Kindern ein halbes Jahr vor Schuleintritt und 474 Kindern zu Beginn der ersten Klasse.
Auswertung	Der Gesamtrohwert ergibt sich durch Aufsummieren aller richtig gelösten Aufgaben. Sowohl für die einzelnen Subtests als auch für die Gesamtleistung ist, getrennt für Kindergarten und Schule, der Bereich angegeben, der eine Standardabweichung unter dem Mittelwert liegt und damit eine Risikoklassifizierung zulässt, wobei ausschließlich die Betrachtung des Gesamtergebnisses eine entsprechende Klassifizierung erlaubt.
Dauer	Kindergarten: 45 Minuten Schule: 60 Minuten
Stock, C., Marx, P., Schneider, W.: BAKO 1–4 Basiskompetenzen für Lese-Rechtschreibleistungen	
Diagnostische Zielsetzung	Überprüfung der phonologischen Bewusstheit bei deutschsprachigen Kindern der ersten vier Schuljahrgangsstufen
Aufbau	Der Test besteht aus sieben Subtests mit insgesamt 74 Aufgaben: Pseudowortsegmentierung (Pseudowörter mit komplexer und ungewöhnlicher Silbenstruktur in Einzellaute zerlegen), Vokalersetzung (den Vokal [a] in echten und Pseudowörtern durch den Vokal [i] ersetzen), Restwortbestimmung (den ersten Laut eines Pseudowortes eliminieren und das restliche Wort nennen), Phonemvertauschung (die ersten beiden Laute eines Pseudowortes vertauschen), Lautkategorisierung (aus vier Wörtern das Wort identifizieren, das nicht mit den anderen im An- oder Auslaut übereinstimmt), Vokallängenbestimmung (aus vier Wörtern das Wort identifizieren, das nicht mit den anderen in der Vokallänge übereinstimmt) und Wortumkehr (das Wort rückwärts wiedergeben). Damit erfordern alle Aufgabenstellungen eine explizite Bewusstheit auf Phonemebene.
Durchführung	Es handelt sich um einen Einzeltest. Die Testitems werden von CD wiedergegeben. Für einige Subtests liegt ein Abbruchkriterium vor.

Normierung	Die Normierung wurde anhand von Stichproben mit insgesamt 876 Kindern durchgeführt. Normen liegen jeweils für die letzten drei Monate der ersten vier Schuljahre vor.
Auswertung	Für jede richtige Antwort wird ein Punkt vergeben. Der Rohwert ergibt sich durch Aufsummieren aller Punkte in den einzelnen Subtests. Sowohl die Subtestrohwerte als auch der Gesamtrohwert können in Prozentränge und T-Werte umgerechnet werden.
Dauer	ca. 25 Minuten (inkl. Instruktion), Auswertung: ca. 15 Minuten
Lenhard, W., Schneider, W. (2006): ELFE 1–6 Ein Leseverständnistest für Erst- bis Sechstklässler	
Diagnostische Zielsetzung	Überprüfung des Leseverständnisses auf Wort-, Satz- und Textebene in den Klassenstufen 1–6.
Aufbau	Die Bearbeitungszeit für jeden Subtest ist zeitlich begrenzt. Überprüfung des Wortverständnisses: Das Kind muss zu einem Bild aus vier Antwortalternativen das richtige Wort unterstreichen. Überprüfung des Satzverständnisses: Dem Kind wird ein Satz dargeboten, bei dem es für einen Teil aus fünf Antwortalternativen das richtige Wort auswählen muss. Da in den Items unterschiedliche Elemente fehlen, werden sowohl semantische als auch grammatikalische Kompetenzen überprüft. Überprüfung des Textverständnisses: Die Kinder lesen kurze Geschichten und beantworten anschließend im multiple-choice-Format Fragen zur Geschichte, wobei in den Fragen die unterschiedlichen Niveaustufen des Textverständnisses repräsentiert sind.
Durchführung	Der Test liegt als Gruppentest in einer Papier- und Bleistiftversion sowie als Einzeltest in einer Computerfassung vor. In der Papier- und Bleistiftversion werden drei Subtests (Wortverständnis, Satzverständnis, Textverständnis) dargeboten. In der Computerversion findet zusätzlich eine Überprüfung der Worterkennungsgeschwindigkeit statt.
Normierung	Die Normierung basiert auf Daten von 4893 Kindern aus 12 Bundesländern. Normwerte liegen jeweils für das Ende des Schuljahres sowie ab der zweiten Jahrgangsstufe auch für die Schuljahresmitte vor.
Auswertung	Der Rohwert für jeden einzelnen Subtest entspricht der Anzahl korrekt gelöster Items. Diese können in z-Äquivalenzwerte, Prozentränge und T-Werte transformiert werden. Zudem kann ein Gesamtwert durch die Addition der z-Äquivalenzwerte berechnet werden.
Dauer	ca. 25 Minuten (inkl. Instruktion)
Marx, H.: Knuspels Leseaufgaben (KNUSPEL-L)	
Diagnostische Zielsetzung	Überprüfung grundlegender Lesefertigkeiten (Rekodieren, Dekodieren), des Leseverständnisses (Verstehen und Ausführen von schriftlichen Aufforderungen) und des zur Beurteilung des Leseverständnisses notwendigen Hörverstehens in den ersten vier Jahrgangsstufen
Aufbau	Das Verfahren besteht aus vier Subtests, wobei die Aufgabenstellung und der Beantwortungsmodus jeweils anhand von zwei Beispielen erläutert werden. Im Subtest „Hörverstehen" werden dem Kind Fragen und Aufforderungen mündlich präsentiert, die durch Ausführen der Anweisungen auf dem Bogen beantwortet werden müssen. Beim „Rekodieren" soll das Kind entscheiden, ob zwei sinnvolle Wörter, die sich in ihrer Schreibweise unterscheiden, gleich oder ungleich ausgesprochen werden (z. B. Lider und Lieder). Beim „Dekodieren" erliest das Kind Pseudowörter und muss entscheiden, welche der Wörter wie echte Wörter klingen (z. B. Keyser vs. Pesch). Der Subtest „Leseverstehen" umfasst schriftlich präsentierte Fragen, die das Kind erlesen und beantworten muss.
Durchführung	Das Verfahren wird als Einzel- oder Gruppenlesetest in gemäßigter Speed-Variante durchgeführt. Es liegen zwei Pseudoparalleltestformen vor.
Normierung	Die Normierungswerte wurden anhand von Stichproben mit insgesamt 4619 Kindern ermittelt. Es liegen klassenstufenbezogene Halbjahres-Normwerte zu den Subtests und beiden Gesamtscores (s.u.), getrennt nach monolingualen und multikulturellen

	Stichproben, für den Zeitraum Ende des ersten bis Ende des vierten Schuljahres vor. Zusätzlich werden klassenstufenübergreifende Normen mitgeteilt, mit Hilfe derer das „Lesealter" errechnet werden kann. Differenzierte Auswertungen auf Subtestebene werden durch Mittelwertsangaben und Standardabweichungen ermöglicht.
Auswertung	Die Rohpunkte werden pro Subtest zu einer Rohpunktsumme addiert. Diese können, getrennt nach den einzelnen Subtests in T-Werte und Prozentränge umgerechnet werden. Zusätzlich kann aus dem Abschneiden in den Subtests Hörverstehen, Rekodieren und Dekodieren ein Score „Vorläuferfähigkeiten für das verstehende Lesen" berechnet und in einen T-Wert bzw. Prozentrang umgerechnet werden. Durch die Addition der Leistungen in den Subtests Rekodieren, Dekodieren und Leseverstehen wird ein Score „Lesefähigkeit" berechnet, der auch in T-Werte und Prozentränge umcodiert werden kann.
Dauer	ca. 35 bis 45 Minuten
Küspert, P., Schneider, W.: Würzburger Leise Leseprobe (WLLP)	
Diagnostische Zielsetzung	Das Verfahren überprüft die Lesegeschwindigkeit und stellt ein zuverlässiges Maß für die Erfassung der Leseleistung im deutschsprachigen Raum dar.
Aufbau	Es handelt sich um einen multiple-choice-Test in Speed-Variante. Zu einem geschriebenen Wort muss aus vier Alternativen das richtige Bild identifiziert und angekreuzt werden. Die Distraktoren in den Bildalternativen wurden nach spezifischen Prinzipien gestaltet. Unter den bildlich dargestellten Auswahlmöglichkeiten befindet sich ein phonologisch-orthographischer Ablenker (Kopf-Knopf) und ein weiterer Distraktor, der mit dem Zielwort semantische Ähnlichkeiten aufweist (Knopf-Hose). Die reine Bearbeitungszeit beträgt 5 Minuten. Es können maximal 140 Aufgaben bearbeitet werden.
Durchführung	Das Verfahren wird als Einzel- oder Gruppenlesetest durchgeführt. Es liegen zwei Pseudoparalleltestformen vor.
Normierung	Für die Erstellung der Normen lagen Daten von insgesamt 2830 monolingualen Kindern der ersten bis vierten Klassenstufe aus sieben deutschen und einem österreichischen Bundesland vor. Normwerte liegen für die ersten vier Grundschulklassen, getrennt nach Geschlecht, jeweils für das Ende des Schuljahres vor.
Auswertung	Der Rohwert wird ermittelt durch Subtraktion der Auslassungen und Fehler von der Anzahl insgesamt bearbeiteter Aufgaben und entspricht somit der Anzahl korrekter Lösungen. Der Rohwert kann mit Hilfe von Normtabellen in Prozentränge transformiert werden.
Dauer	inkl. Instruktion ca. 15 Minuten
Schneider, W., Schlagmüller, M., Ennemoser, M.: LGVT 6–12. Lesegeschwindigkeits- und -verständnistest für die Klassen 6–12	
Diagnostische Zielsetzung	Ermittlung des Leseverständnisses und der Lesegeschwindigkeit in den Klassen 6–12
Aufbau	Die Schüler haben nach dem Bearbeiten des Übungsbeispiels, das die Aufgabenstellung zur Überprüfung des Leseverständnisses erläutern soll, vier Minuten Zeit, einen Text zu lesen. An 23 im Text verteilten Stellen haben die Kinder die Aufgabe, aus drei Wörtern das Wort auszuwählen und zu unterstreichen, das in den Textzusammenhang passt.
Durchführung	Es handelt sich um einen Test in Speed-Variante, der als Einzel- oder als Gruppentest durchgeführt werden kann.
Normierung	Das Verfahren wurde normiert auf der Grundlage von Datensätzen von 2390 Schülern aus elf deutschen Bundesländern. Prozentrangnormen und T-Werte liegen sowohl für das Leseverständnis (Anzahl korrekter Unterstreichungen) und die Lesegeschwindigkeit (Anzahl gelesener Wörter in vier Minuten) vor. Gesicherte Normen liegen für die Klassenstufen 6–9, getrennt nach Hauptschulen, Gesamtschulen, Schulen mit unterschiedlichen Bildungsgängen, Realschulen und Gymnasien, vor. Zusätzlich liegen Normen für die 11. und 12. Klasse des Gymnasiums vor.

Auswertung	Der Rohwert für die Lesegeschwindigkeit entspricht der Anzahl gelesener Wörter in vier Minuten. Um die Auszählung zu erleichtern, wird am Ende jeder Zeile des Textes die Anzahl der bis dahin gelesenen Wörter angegeben. Der Rohwert für das Leseverständnis ergibt sich aus der Anzahl der richtigen Unterstreichungen. Für jede korrekte Unterstreichung werden zwei Punkte vergeben. Wurden mehrere oder die falsche Antwortalternative unterstrichen, wird ein Punkt abgezogen. Wird kein Wort unterstrichen, wird kein Punkt vergeben. Die Rohwerte können mit Hilfe von Normtabellen in Prozentränge und T-Werte umgerechnet werden.
Dauer	inkl. Instruktion ca. 10 Minuten
May, P.: Hamburger Schreibprobe	
Diagnostische Zielsetzung	Erfassung orthographischen Strukturwissens und grundlegender Rechtschreibstrategien von Schülern im Grundschulalter und der Sekundarstufe I
Aufbau	Die Kinder schreiben Einzelwörter und Sätze nach Diktat. Die Bedeutungen werden durch Illustrationen veranschaulicht. Durch die gezielte Wortauswahl werden zahlreiche Rechtschreibphänomene der deutschen Orthographie erfasst (Längenzeichen, Kürzezeichen, Auslautverhärtung etc.). In der HSP 5–9 werden darüber hinaus Aspekte des wortübergreifenden Rechtschreibens, wie satzabhängige Großschreibung, Kommasetzung etc. erfasst. Um die Anwendung der alphabetischen, orthographischen und morphematischen Strategie differenziert erfassen zu können, wurden in den Wörtern Lupenstellen ausgewählt, die die Anwendung der drei Rechtschreibstrategien widerspiegeln.
Durchführung	Das Verfahren wird als Einzel- oder Gruppenlesetest durchgeführt.
Normierung	Es liegen verschiedene Versionen mit bundesweiten Vergleichswerten für die Klassenstufen 1–9 vor. Die Vergleichswerte für die verschiedenen Überprüfungszeitpunkte wurden anhand von Stichproben zwischen 577 und 996 Kindern aus 11 Bundesländern ermittelt. Die Vergleichswerte haben zumeist Gültigkeit für die letzten zwei bis drei Monate des Schuljahres.
Auswertung	– Anzahl richtig geschriebener Wörter: Die Summe aller richtig geschriebenen Wörter kann in einen entsprechenden Prozentrang und T-Wert umgewandelt werden. – Anzahl richtig geschriebener Grapheme bzw. Graphemkombinationen: Die Gesamtzahl richtig verschrifteter Grapheme wird in einen Prozentrang und T-Wert transformiert. Dieser Wert spiegelt das allgemeine Niveau der Rechtschreibsicherheit im Vergleich zur Bundesstichprobe wider. – Anzahl richtig verschrifteter Lupenstellen: Es wird ausgezählt, wie viele Lupenstellen der jeweiligen Strategie (s.o.) richtig verschriftet wurden. Die ermittelten Gesamtwerte für jede Strategie können in Prozentränge und T-Werte umgerechnet werden. Auf dieser Basis kann ein individuelles Strategieprofil erstellt werden.
Dauer	30 bis 40 Minuten

5 Förderung

5.1 Förderung phonologischer Basisfähigkeiten

Bedeutung der phonologischen Bewusstheit

Insbesondere im angloamerikanischen Raum wird eine beeinträchtigte phonologische Bewusstheit als das Defizit angenommen, das den meisten Schwierigkeiten beim Erwerb der Schriftsprache zugrunde liegt (Share / Stanovic 1995, zit. nach Landerl / Wimmer 2000, 244):

> „[...] it is indisputable, that poor readers display large deficits on a variety of different tasks, that require the complete segmentation of a word or a nonword into phoneme units."

Wenn Kapitel 3.4 auch zeigen sollte, dass in Ländern mit transparenten Orthographien vor allem die mit der Benennungsgeschwindigkeit assoziierte automatisierte Worterkennung das zentrale Symptom der Dyslexie darstellt, herrscht weitgehend Konsens, dass auch hier die phonologische Bewusstheit zumindest die ersten Schritte beim Schriftspracherwerb maßgeblich beeinflusst. Eine entsprechende Förderung darf aber nicht als Allheilmittel, sondern muss immer als eine Säule innerhalb einer notwendigerweise umfassenderen Form der Prävention und Intervention bei drohenden oder manifesten Schriftspracherwerbsstörungen interpretiert werden.

Gefahr des unreflektierten Einsatzes von Trainingsprogrammen

Mittlerweile sind zahlreiche Trainingsprogramme zur Förderung der phonologischen Bewusstheit im Vorschulalter und in Eingangsklassen erhältlich. Diese Programme bergen jedoch die Gefahr in sich, unkritisch und unreflektiert eingesetzt zu werden, sodass die angestrebte Effektivität nicht zum Tragen kommen könnte. Eine Förderung der phonologischen Bewusstheit ausschließlich mit Hilfe des Manuals eines Förderprogramms durchzuführen, dürfte wenig hilfreich sein.

Lehrkräfte und Erzieherinnen, die in ihren Klassen und Vorschulgruppen eine entsprechende Förderung durchführen wollen, sollten über einige Kenntnisse verfügen:

- Sie sollten sich zumindest einige phonetische und phonologische Grundlagen aneignen.

- Sie müssen sich insbesondere der Unterschiede zwischen der Orthographie und der für das Training relevanten Artikulation bewusst sein (z.B. wird die Graphemfolge <Uhr> nicht als [uːr], sondern als [ʔuɐ] realisiert).
- Sie sollten wissen, welche Kriterien für eine möglichst optimierte Förderung berücksichtigt werden sollten.
- Sie sollten sich Klarheit darüber verschaffen, welche Wort- und Silbenstrukturen von Kindern am besten verarbeitet werden können.

Aufgrund der weiten Verbreitung der Trainingsprogramme erscheint es überflüssig, diese im Detail zu beschreiben. Lehrkräfte finden zahlreiche motivierende, kindgemäße Übungsvorschläge bei Küspert / Schneider (2006), Forster / Martschinke (2001), Hartmann / Dolenc (2005).

Im Folgenden sollen einige Kriterien für die Förderung der phonologischen Bewusstheit entwickelt werden, die eine möglichst hohe Qualität bei der Anwendung der Trainingsprogramme oder selbst erstellten Übungen gewährleisten sollen.

Abb. 17: Qualitätskriterien für eine Förderung der phonologischen Bewusstheit

Die Förderung der phonologischen Bewusstheit stellt keinen Selbstzweck dar, sondern muss immer auf die schriftsprachlichen Kompetenzen der Kinder

kein Selbstzweck

ausgerichtet sein. Aus diesem Grund ist es von Bedeutung, explizit die Teilbereiche der phonologischen Bewusstheit zu fördern, die in besonders engem Zusammenhang mit dem Erwerb der alphabetischen Strategie stehen.

besondere Bedeutung der Phonemanalyse und -synthese

O'Connor/Jenkins (1995) konnten zeigen, dass ein kombiniertes Training der Phonemanalyse und -synthese verbunden mit einem Buchstaben-Laut-Training ähnlich positive Auswirkungen auf den Schriftspracherwerb hat wie ein Training mit umfassenden Inhalten. Ein Training der phonologischen Bewusstheit ließe sich demnach zumindest für die Phase, die parallel zum Erwerb der Schriftsprache abläuft, auf ein spezifisches Training der Phonemanalyse und -synthese reduzieren (O'Connor/Jenkins 1995, 214):

> „[…] when the purpose of phonological instruction is to improve reading acquisition, concentrating the phonological teaching efforts on blending and segmentating may be sufficient."

Ähnlich äußern sich Martschinke et al. (2001, 9): „Die Fähigkeit der Phonemanalyse und -synthese scheint […] den größten Einfluss auf den späteren Lese- und Rechtschreiberfolg zu haben."

Für den deutschsprachigen Raum konnten Landerl et al. (1992) zeigen, dass vor allem die explizite Bewusstheit auf Phonemebene eng mit den schriftsprachlichen Leistungen korrelierte, während die implizite Bewusstheit für größere sprachliche Einheiten kaum von prognostischem Wert war.

Aufgrund der Tatsache, dass deutschsprachige Kinder üblicherweise bereits im Vorschulalter über gute implizite phonologische Fähigkeiten verfügen (Kap. 3.3), haben diese Elemente ihre Berechtigung in der vorschulischen Förderung von Risikokindern, da sie die explizite Phonembewusstheit spielerisch vorbereiten können, sollten in ihren Auswirkungen auf die ersten Schritte beim Schriftspracherwerb aber nicht überschätzt werden.

Förderung impliziter Fähigkeiten auf Lautebene im Vorschulalter

Um die explizite Bewusstheit auf Phonemebene, die sich bei den meisten Kindern erst in enger Wechselwirkung mit dem Erwerb der Schriftsprache ausbildet, anzubahnen, können Kinder im Vorschulalter bereits mit impliziten Aufgabenstellungen auf Phonemebene konfrontiert werden. So ist es möglich, die Anlautidentifizierung z. B. mit „Laut-zu-Wort-Aufgaben" („Hörst du ein [o:] in Ofen?") zu erlernen. Besonders leicht fällt den Kindern dies, wenn es sich um einen langen, silbenwertigen Anlaut („Oma", „Ameise" etc.) handelt, auch wenn es sich dann streng genommen nicht mehr um eine Aufgabenstellung auf Phonem-, sondern auf Silbenebene handelt. Diese Aufgabenstellungen sollten im Vorschulalter nach Möglichkeit nur mit Vokalen und dauerhaft artikulierbaren Konsonanten durchgeführt werden, da diese gedehnt artikuliert und so deutlicher wahrgenommen werden können. Auf Plosive und Konsonantenhäufungen sollte verzichtet werden.

Eine präventive Förderung der phonologischen Bewusstheit darf sich nicht auf das Vorschulalter reduzieren, sondern muss in den ersten Monaten der ersten Klasse parallel zum Erlernen der Phonem-Graphem-Korrespondenzen (PGK) und des phonologischen Rekodierens fortgeführt werden (Hartmann 2003; Roth/Schneider 2002). Diese Vorgehensweise ist auch deshalb so vielversprechend, da sich beide Komponenten im Rahmen des Erstleseunterrichts wechselseitig positiv beeinflussen. Eine zumindest rudimentär ausgebildete Phonembewusstheit erleichtert es den Kindern, das Prinzip der Graphem-Phonem-Korrespondenz zu durchschauen und das alphabetische Prinzip zu verstehen, was sich wiederum positiv auf die Entwicklung der Phonembewusstheit auswirkt.

Fortführung der Förderung in der ersten Klasse

In diesem Sinn ist auch die phonologische Verknüpfungshypothese von Hatcher et al. (1994, vgl. Kap. 3.3) zu verstehen, die zeigen konnten, dass eine Förderung der phonologischen Bewusstheit, kombiniert mit dem Erlernen der wichtigsten PGK, erfolgversprechender ist als eine isolierte Förderung ohne schriftsprachliches Material. Sollten sich Erzieherinnen in Vorschuleinrichtungen dazu entschließen, eine explizite Phonembewusstheit bereits im Vorschulalter anzubahnen, sollte dies deshalb immer mit einer Vermittlung der wichtigsten PGK kombiniert werden.

Berücksichtigung der phonologischen Verknüpfungshypothese

Erfreulicherweise steht mit dem Buchstaben-Laut-Training „Hören, lauschen, lernen 2" (Plume/Schneider 2004) mittlerweile auch für den deutschsprachigen Raum ein entsprechendes Training zur Verfügung. Dieses versucht den Kindern die Verknüpfung zwischen einem isolierten Laut und dem dazugehörigen Buchstaben explizit zu verdeutlichen und soll eine Orientierungshilfe bei Übungen zur Anlautidentifizierung darstellen. „Die Kinder erfahren dabei, dass ein einzelner Laut, der in einem gesprochenen Wort gehört werden kann, von einem bestimmten schriftlichen Symbol – dem Buchstaben – repräsentiert wird" (Plume/Schneider 2004, 5). In Buchstaben-Laut-Geschichten werden Geräusche, emotionale Äußerungen oder typische Laute aus der Umwelt produziert, bevor dieser Laut mit dem Buchstaben und später mit einem entsprechenden Anlautbild kombiniert wird („A wie die Ameise"). So wird der Laut [i] z. B. mit dem Ausdruck des „Nicht-Schmeckens", das [z] mit dem Geräusch einer fliegenden Biene und das [t] mit dem stotternden Geräusch eines nicht anspringenden Autos assoziativ verknüpft. In der Folge sollen die Fähigkeit zur Anlaut-identifizierung und die Zuordnung zum Buchstaben durch kleine Spiele gesichert werden. Es handelt sich also nicht um den Versuch, den Leselehrgang in den Vorschulbereich zu verlagern.

Buchstaben-Laut-Training

Während im Vorschulalter die impliziten Fähigkeiten im Vordergrund stehen und parallel zum Schriftspracherwerb ein systematisches Training

Bedeutung der Ebene von Onset und Reim

der Phonemanalyse und -synthese fokussiert werden sollte, bietet sich mit der Onset-Reim-Ebene ein Zwischenschritt an, der die Phonembewusstheit effektiv vorbereiten kann. Stahl/Murray (1994) konnten zeigen, dass Kinder, die mit der Analyse und Synthese auf Onset-Reim-Ebene noch Schwierigkeiten hatten, nur in den seltensten Fällen Wörter lesen konnten. Andererseits verfügten zahlreiche Kinder bereits über eine gute Worterkennung, waren aber noch kaum in der Lage, den Reim in Nukleus und Koda zu segmentieren. Dieses Ergebnis interpretieren die Autoren dahingehend, dass die Fähigkeit, auf Onset-Reim-Ebene zu operieren, dem Schriftspracherwerb vorausgeht, während die Segmentation des Reims in Nukleus und Koda eher eine Konsequenz der Auseinandersetzung mit einem alphabetischen Schriftsystem darstellt (Abb. 14).

Außer im Förderprogramm „Olli, der Ohrendetektiv" (Hartmann/Dolenc 2005) findet diese Ebene m. W. in keinem deutschsprachigen Programm Berücksichtigung, sodass kaum methodische Hinweise zur Verfügung stehen. Es bietet sich an, diese Ebene ähnlich zu gestalten wie Übungen zur Silbe. Die Lehrkraft präsentiert einsilbige Wörter in Onset und Reim segmentiert und die Kinder versuchen, diese „Zaubersprache" zu verstehen und anschließend zu imitieren. Um den Kindern die Aufgabe zu Beginn zu erleichtern, können Bilder zur Auswahl vorgelegt werden. Allerdings muss dann berücksichtigt werden, dass die Kinder so auch durch eine globale Klangassoziation (Schnitzler 2008) und nicht aufgrund einer echten Syntheseleistung zu einem richtigen Ergebnis kommen können, weshalb diese Hilfestellung bald ausgeblendet werden sollte.

Detektivsprache
„Material: Bildkärtchen
Beschreibung: Die Kinder sitzen im Kreis. In der Mitte liegen Bildkärtchen. „Olli sagt dir heute Wörter in einer besonderen Detektivsprache." Die Erzieherin/Lehrerin spricht die Wörter in Anlaut und Endreim zerlegt vor, z. B. „W-al". Das segmentiert vorgegebene Wort soll von den Kindern herausgefunden werden. Die passende Bildkarte darf vom „Ohrendetektiv" aus dem Kreis genommen werden" (Hartmann/Dolenc 2005, 52).

Auch bei diesen Übungsformen sollte auf die Wortauswahl geachtet werden. Ohne hier auf empirische Ergebnisse zurückgreifen zu können, ist anzunehmen, dass aus komplexen Konsonantenclustern bestehende Onsets (Fr-, Fr-, Fl-) die Kinder nicht zwingend vor die größten Schwierigkeiten stellen, insbesondere dann nicht, wenn sie aus dauerhaft artikulierbaren

Konsonanten bestehen ([fr], [ʃl]). Einzelne Plosive als Onset („B-all", „B-aum", „B-uch") könnten mit größeren Schwierigkeiten assoziiert sein, während einzelne Frikative oder Gleitlaute als Onset („F-aust", „F-ass", „F-isch") die geringsten Probleme bereiten dürften.

Während implizite Fähigkeiten auf Silben- und Reimebene bei den meisten Vorschulkindern in spielerischer Art und Weise ausgebildet werden können, verlangt das Erlernen der Phonemsynthese und -analyse ein systematisches, explizites Training und ein hohes Maß an Anstrengungsbereitschaft. Einige Arbeiten aus dem angloamerikanischen Raum konnten zeigen, dass sich die Effekte einer Förderung der Phonembewusstheit durch das Ausmaß der expliziten und systematischen Instruktionen steigern lassen. So kamen Foorman et al. (1998) zu dem Ergebnis, dass insbesondere Risikokinder von einer expliziten Instruktion stärker profitieren als von Maßnahmen, die phonologische Fähigkeiten zwischendurch während des Leseunterrichts zu fördern versuchten. Unter einem expliziten Training soll kein demotivierender Drill verstanden werden – auch diese Übungen lassen sich in kindgerechte und motivierende Spielzusammenhänge einbetten.

systematisches, explizites Analyse- und Synthesetraining

Um den Kindern diese anspruchsvollen Leistungen in einem motivierenden Rahmen anzubieten, können z. B. eine Schnecke und ein Roboter als Identifikationsfiguren eingeführt werden. Die Schnecke soll als Vorbild für eine stark verlangsamte und gedehnte Artikulation ([r::o::s::a::]) dienen, während der Roboter Wörter in einzelne Laute segmentiert ([r] [o] [s] [a]). Indem die Kinder versuchen, den Roboter und die Schnecke zu verstehen, die Wörter zu übersetzen und die Sprechweise zu imitieren, lernen sie in spielerischer Art und Weise die Phonemsynthese und die Phonemanalyse.

Schnecken- und Robotersprache

Da die einzelnen Sprachlaute aufgrund ihrer kurzen Dauer und koartikulatorischer Phänomene in der Lautsprache üblicherweise kaum wahrnehmbar sind, betont Lewkowicz (1980) die Notwendigkeit einer gedehnten Artikulation und damit einer verlängerten Artikulationsdauer, um den Kindern die Wahrnehmung einzelner Sprachlaute zu erleichtern. Für Plosive bietet es sich an, sie einige Male zu wiederholen ([t t t o: m: a: t t t ə:]).

Bedeutung einer gedehnten Artikulation

Eine wichtige Hilfestellung in diesem Zusammenhang ist der Einsatz von Handzeichen. Kindern, die mit der auditiven Verarbeitung einzelner Laute noch Schwierigkeiten haben, können mit Hilfe der „Geheimzeichen" die Laute sichtbar gemacht werden (Abb. 18). Die Bedeutung der Handzeichen im Erstleseunterricht wird in Kapitel 5.2 detaillierter beschrieben.

Handzeichen

Um den Kindern die Phonemanalyse und -synthese möglichst erfolgreich zu vermitteln, sollte die Wortauswahl nach linguistischen Kriterien erfolgen. Dabei sind sowohl die Silbenstruktur als auch die verwendeten Laute zu berücksichtigen.

Wortauswahl nach linguistischen Kriterien

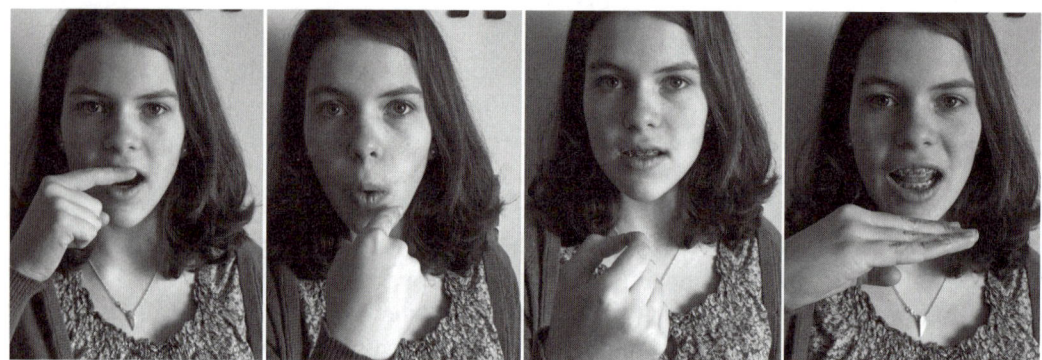

Abb. 18: Visualisierung der einzelnen Laute eines Wortes durch den Einsatz von Handzeichen („Rose")

Silbenstrukturen   Wenn auch häufig die Ansicht vertreten wird, dass die Komplexität der Aufgabenstellung mit der Länge des Wortes steigt, scheint der Silbenstruktur bei der Beurteilung des Schwierigkeitsgrades eine wichtigere Rolle zuzukommen. Obwohl die beiden Wörter „Elefant" und „Strumpf" hinsichtlich der Buchstabenzahl übereinstimmen, ist letzteres aufgrund der Konsonantenhäufungen wesentlich komplexer zu analysieren. Zu Beginn einer Förderung der expliziten Phonembewusstheit sollten nur kurze, einsilbige Wörter mit einer Vokal-Konsonant- oder Konsonant-Vokal-Struktur (VK oder KV) Berücksichtigung finden. Ein höherer Schwierigkeitsgrad ist bei Wörtern mit KVK- oder VKV-Strukturen anzunehmen. Haben die Kinder mit der Analyse dieser Strukturen Sicherheit erreicht, können zweisilbige Wörter mit KVKV- oder VKVK-Strukturen verwendet werden. Wörter mit Konsonantenhäufungen sollten vermieden werden.

Lautauswahl   Was die Lautauswahl angeht, sollte so lange ausschließlich mit Vokalen und dauerhaft artikulierbaren Konsonanten gearbeitet werden, bis die Kinder die Phonemsynthese und -analyse beherrschen. Erst dann sollten auch Plosive berücksichtigt werden. Eine Übersicht über einfache Silbenstrukturen mit einem exemplarischen Wortschatz findet sich in Tab. 8. Aufgrund der Tatsache, dass diese Fähigkeiten zunächst ausschließlich lautsprachlich eingeübt werden, spielen orthographische Besonderheiten bei der Wortauswahl keine Rolle. Lehrkräfte und Erzieherinnen müssen aber unbedingt darauf achten, dass sie sich nicht am Schriftbild, sondern allein an der tatsächlichen Artikulation orientieren dürfen (Bsp. Moos = [mo:s], Reh = [re:]).

Tab. 8 Exemplarischer Übungswortschatz für einfache Silbenstrukturen

KV-Strukturen	VK-Strukturen	KVK-Strukturen
Fee	Aal	Lamm
See	am	Fisch
Reh	im	Los
Schuh	Aas	Maus
so	es	Laus
ja	um	Schal
sie	Eis	Fass
wo	ein	Fuß
mäh	aus	Leim
muh	auf	Mann
wau	Öl	Mehl
neu	auf	Moos
rau		Mohn
Sau		Mus
		Föhn
		Schaf
VKV-Strukturen	**KVKV-Strukturen**	**VKVK-Strukturen**
Oma	Sofa	Ofen
Omi	Rose	Emil
Uli	Schule	Ines
Affe	Nase	Iran
Ali	Moni	allein
Anna	Name	Uran
Emu	Mama	eilen
Ufo	Schere	Eisen
Ulla	Lama	ölen
Uno	Riese	
Eule		

Die Bedeutung der Orientierung an der tatsächlichen Artikulation und damit zusammenhängender Schwierigkeiten soll an einem Beispiel aus einer der ersten Auflagen des **„Würzburger Trainingsprogramms"** (Küspert/Schneider 2002) illustriert werden. Beim Spiel „Lautball" gibt die Erzieherin Wörter in ihre Einzellaute zerlegt vor und das Kind hat die Aufgabe, das Wort zu synthetisieren. Das Übungswort „Bär" wird im Deutschen als [bɛɐ] realisiert. Die Aufgabe dürfte für ein Vorschulkind kaum zu lösen sein und vermutlich eher Verwirrung stiften, wenn eine Erzieherin, die sich ausschließlich am Schriftbild orientiert und sich die tatsächliche Aussprache nicht bewusst macht, die Laute [b] [æ:] [r] vorgibt. Insbesondere die unterschiedlichen Klangqualitäten der Vokale im Deutschen sind in der Förderung der phonologischen Bewusstheit kritisch zu reflektieren. Das <I> in Igel symbolisiert einen anderen Laut als derselbe Buchstabe in Iltis ([i:] vs. [ɪ]). Ein weiteres Beispiel aus derselben Auflage des Würzburger Trainingsprogramms soll die Problematik illustrieren: Das Graphem /e/ ▼

kann u.a. als [eː, e, ɛ, ə, ɐ] sowie als Nulllaut realisiert werden. Wenn die lautlichen Realisierungen auch ähnlich klingen, unterscheiden sie sich für Vorschulkinder deutlich (Kalmar 2001). Kritisch zu beurteilen sind deshalb Übungen, bei denen Kinder vorher vereinbarte Laute in Wörtern identifizieren sollen, der entsprechende Laut in den Zielwörtern aber gar nicht zu hören ist. Im Würzburger Trainingsprogramm sollen die Kinder das [eː] in folgenden Wörtern hören: „Schnecke, Glocke, Apfel, Löffel, Affe" (Küspert/Schneider 2002, 52). In keinem der Wörter wird das Graphem /e/ als [eː] realisiert. Die Autoren des Trainingsprogramms haben erfreulicherweise auf die Kritik reagiert und die Wortauswahl in neueren Auflagen nach phonetischen Gesichtspunkten gestaltet und besonderen Wert auf die Verwendung lauttreuen Wortmaterials gelegt (Küspert/Schneider 2006). Auch Lehrkräfte, die eigene Übungsformen entwickeln, sollten diese Problematik bedenken.

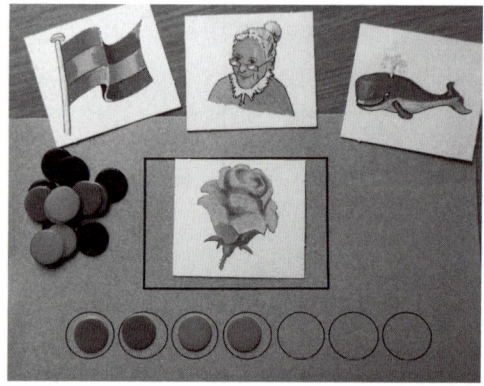

Abb. 19: Phonemanalyse

Nachdem den Kindern die Phonemanalyse und -synthese vermittelt wurde, brauchen die Kinder intensive Übungsmöglichkeiten, um diese Fähigkeit, zu automatisieren. Ein klassisches Aufgabenformat (Elkonin 1973, zit. nach Forster/Martschinke 2001) besteht darin, dass die Kinder ein Wort mündlich in Einzellaute segmentieren und parallel dazu für jeden Laut einen „Zauberstein" auf eine serielle Folge kleiner Kästchen schieben (Abb. 19).

Um diese komplexe Aufgabenstellung für Risikokinder durchschaubar zu machen, sollte man sich als Lehrkraft nicht auf einen Selbstlernmechanismus verlassen. Die Kinder benötigen Hilfestellungen, die ihnen ermöglichen „Wörter zu knacken" (Forster/Martschinke 2001, 14). In Anlehnung an Schuele/Boudreau (2008) werden folgende **Schritte zur Phonemanalyse** vorgeschlagen:

- Die Lehrkraft spricht das Wort vor und visualisiert die Artikulation, indem sie parallel die entsprechenden Handzeichen bildet; die Kinder hören genau zu.
- Die Kinder wiederholen das Wort.
- Die Lehrkraft artikuliert das Wort langsam und gedehnt.
- Die Kinder sprechen das Wort selbst langsam und gedehnt und achten dabei auf ihre Aussprache.
- Die Lehrkraft artikuliert den ersten Laut gedehnt und legt einen Stein in das erste Kästchen einer Matrix (Abb. 19), artikuliert den zweiten Laut gedehnt und legt einen Stein in das zweite Kästchen etc.
- Die Lehrkraft und die Kinder wiederholen den Vorgang der Segmentation gemeinsam und legen die entsprechenden Steine in die Kästchen.

- Die Lehrkraft wiederholt die drei zentralen Schritte: Aussprache des Wortes, gedehnte Sprechweise, lautierende Sprechweise; die Kinder führen parallel die einzelnen Schritte aus.
- Einzelne Kinder demonstrieren die Lösung der Aufgabe.

Aufgrund der Komplexität der Aufgabe erscheint es sinnvoll, dass die Lehrkraft die Vorgehensweise immer wieder modellhaft ausführt und die Arbeitsschritte verbalisiert. Aufgabe der Lehrkraft ist es, weniger die korrekte Bewältigung der vollständigen Aufgabe von Beginn an zu fordern, sondern das Kind auf dem Weg von der Aufgabenstellung bis zur Lösung zu unterstützen. Dazu instruiert die Lehrkraft die Kinder bei jedem Schritt der komplexen Aufgabe. Mit zunehmender Fähigkeit der Kinder werden die Instruktionen und Hilfestellungen der Lehrkraft ausgeblendet und die Kinder bekommen die Möglichkeit, die Phonemanalyse an bewusst ausgewähltem Wortmaterial zu perfektionieren. Um auf Fehler der Kinder adäquat reagieren zu können, ist es hilfreich, sich der einzelnen Schritte bei der Lösung einer komplexen Aufgabe bewusst zu sein, um den Ort des Fehlers lokalisieren, dem Kind die einzelnen Schritte modellhaft präsentieren und einzelne Sequenzen bewusst einüben zu können („teach, don't test").

teach, don't test

5.2 Förderung beim Erwerb der Phonem-Graphem-Korrespondenzen

In alphabetischen Orthographien symbolisieren Grapheme als kleinste schriftsprachliche Einheiten die kleinsten bedeutungsunterscheidenden Einheiten der Lautsprache, die Phoneme. Die Grapheme werden als Buchstaben optisch unterschiedlich realisiert (Druck- oder Schreibschrift, unterschiedliche Schriftarten, etc.). Es handelt sich um willkürlich vereinbarte Zeichen für Phoneme, ohne dass es eine systematische Beziehung zwischen den beiden Ebenen gibt. So korrespondieren ähnliche artikulatorische Eigenschaften von Lauten in den seltensten Fällen mit optischen Ähnlichkeiten auf Seiten der Buchstaben (z. B. [k] und [g]). Optische Ähnlichkeiten auf Graphemseite (z. B. <I> und <l>) entsprechen keinen lautlichen Ähnlichkeiten. Das Kind muss zudem lernen, dass die Raum-Lage der Buchstaben ein wichtiges Unterscheidungsmerkmal darstellt. Während die Kinder in den ersten Lebensjahren eine „Ding-Konstanz" gelernt haben und wissen, dass eine Tasse eine Tasse ist, egal wohin der Henkel schaut, müssen sie sich nun merken, dass ein <b> zum <d> wird, wenn der Henkel nach links schaut (Brügelmann 1992).

Phoneme und Grapheme

traditionelle Buchstabenanalyse und Anlauttabelle

In Ländern mit transparenten Orthographien und regelmäßiger Graphem-Phonem-Korrespondenz erlernen Schulanfänger bereits in den ersten Schulmonaten die GPK sowie die indirekte Lesestrategie. Während es bis zum Ende des 20. Jahrhunderts üblich war, die Korrespondenzen systematisch, schrittweise, in geordneter, von der Fibel vorgegebener Reihenfolge zu vermitteln, tritt diese Methode in den letzten Jahren immer stärker in den Hintergrund und wird durch die Arbeit mit der Anlauttabelle ersetzt (oder zumindest ergänzt).

Schwierigkeiten beim Erwerb der GPK

Wenn der Erwerb der GPK auch nicht die zentrale Schwierigkeit leseschwacher Kinder darstellt, lassen sich in der Forschungsliteratur doch Hinweise auf Defizite in diesem Bereich finden. So zeigt die Analyse von Lesefehlern, dass leseschwache Kinder die GPK-R nicht perfekt beherrschen. Je größer die Leseschwierigkeit ist, desto häufiger werden Grapheme falsch wiedergegeben (Klicpera/Gasteiger-Klicpera 1995). Klicpera et al. (2007) stellten fest, dass Kinder, die später Probleme mit dem Schriftspracherwerb haben, von Anfang an beim Erlernen der GPK beeinträchtigt sind. So zeigte sich bereits nach drei Monaten ein deutlicher Rückstand der leseschwachen Schüler, da diese die bis dahin gelernten Buchstaben nicht sicher benennen konnten. Auch wenn diese Unsicherheit in der Folgezeit verschwindet, bleiben Schwierigkeiten mit der automatisierten Zuordnung. Dieser Beeinträchtigung liegt kein visuelles Wahrnehmungsdefizit zugrunde, vielmehr besteht die Schwierigkeit darin, zum visuellen Stimulus den entsprechenden phonologischen Code zu aktivieren. Glück (2000b, 51) spricht in diesem Zusammenhang von „Lautfindungsstörungen", die sich durch eine verzögerte Aktivierung des mit einem identifizierten Graphem assoziierten Lautes charakterisieren lässt.

Im Folgenden werden einige Anregungen gegeben, wie die Vermittlung der PGK methodisch realisiert werden kann.

Erwerb der PGK mit der Anlauttabelle

Zweck von Anlauttabellen

Anlauttabellen wurden primär zu dem Zweck entwickelt, die Schreibversuche von Kindern nicht zu reglementieren und ihnen bereits nach wenigen Schulwochen die Möglichkeit zu geben, subjektiv bedeutsame Wörter und kleine Sätze lautgetreu aufzuschreiben. Mittlerweile sind Anlauttabellen Bestandteil der meisten Erstleselehrgänge geworden. Sie enthalten alle Buchstaben und Buchstabenkombinationen, die einem Laut der deutschen Sprache entsprechen und die die Kinder zum laugetreuen Aufschreiben benötigen. Jedem Buchstaben wird ein Bild zugeordnet, dessen Anlaut dem Lautwert des Buchstaben entspricht („A wie die Ameise"). Versucht ein

Kind ein Wort aufzuschreiben, muss es die einzelnen Laute in der richtigen Reihenfolge identifizieren (Phonemanalyse) und dem entsprechenden Graphem zuordnen. Diesen Prozess soll die Anlauttabelle unterstützen, indem das Kind bei Unsicherheiten in der Phonem-Graphem-Zuordnung das Anlautbild auf der Tabelle sucht und den Buchstaben abmalt.

Für Kinder mit Schwierigkeiten im Leselernprozess und für Kinder mit sonderpädagogischem Förderbedarf stellt sich die Frage, inwieweit die gängigen Anlauttabellen den spezifischen Bedürfnissen der Kinder angepasst werden müssen. Insbesondere artikulatorische und semantische Aspekte sind dabei zu berücksichtigen. Aber auch graphische Merkmale und die Frage nach der Anordnung spielen eine Rolle.

Kriterien für die Konzipierung von Anlauttabellen

Auf der Grundlage der Arbeiten von Kruth/Thul (2003) und Crämer et al. (1996) sowie der Analyse gängiger Anlauttabellen wurden Kriterien zusammengestellt, die bei der Beurteilung von Anlauttabellen oder der Konzipierung einer eigenen Anlauttabelle berücksichtigt werden sollten.

Aufgrund häufiger artikulatorischer Schwierigkeiten leseschwacher Kinder sollten Wörter mit schwierigen Lautkombinationen vermieden werden. Allgemein sollten kurze, einsilbige Wörter verwendet werden (nicht geeignet: „Eichhörnchen", „Xylophon", „Telefon", „Überholverbot").

phonetische Kriterien

Der Anlaut des Wortes soll eindeutig wahrgenommen werden können. Da insbesondere spracherwerbsgestörte Kinder zur korrekten Wahrnehmung sprachlicher Signale größere Zeitfenster benötigen, ist es notwendig, die Konsonant-Vokal-Folge zu optimieren. Nach dem initialen Konsonanten soll nach Möglichkeit ein langer Vokal folgen, da dieser den Übergang zum folgenden Konsonanten verlängert (nicht geeignet: „Domino", „Sonne", „Zelt", „Koch"). Aus demselben Grund sind wortinitial Konsonantenhäufungen zu vermeiden (nicht geeignet: „Krokodil", „Brezel", „Schlitten"). Um der Gefahr möglicher Verwechslungen vorzubeugen, sollte auf Anlautbegriffe verzichtet werden, die mit dem Buchstabennamen beginnen (nicht geeignet: „Hase", „Kamel", „Hahn", „Telefon", „Karte").

Was die Semantik der Anlautbegriffe betrifft, sollten ausschließlich Wörter verwendet werden, die der Erfahrungswelt der Kinder entstammen und die automatisiert aktivierbar sind. Wörter, nach denen die Kinder im mentalen Lexikon erst suchen müssen, sind ungeeignet („Überholverbot", „Geige", „Jäger", „Pfanne", „Zange", „Raupe", „Quadrat"). Außerdem sollten nur Bilder zum Einsatz kommen, die nur eine Wortassoziation zulassen. Bilder, die sowohl den Oberbegriff als auch spezielle Namen aktivieren, sind zu vermeiden ([„Quadrat", „Viereck"], [„Schaf", „Lamm"], [„Schiff", „Dampfer", „Boot"]).

semantische Kriterien

Das ausgewählte Bildmaterial soll optisch ansprechend sein und eindeutig mit dem gemeinten Wort assoziiert sein. Z. B. ist das Bild einer Hand

graphische Kriterien

oder eines Hauses wenig sinnvoll, da nicht eindeutig daraus hervorgeht, welches Wort gemeint ist ([„Finger", „Hand", „Daumen"], [„Haus", „Dach", „Kamin"]). Ob auf der Anlauttabelle sowohl der große als auch der kleine Buchstabe zu sehen sind, hängt primär von der methodischen Vorgehensweise der Lehrkraft ab. Meine Erfahrung hat gezeigt, dass auch leseschwache Kinder mit beiden Buchstaben zurechtkommen.

Ein oder zwei Bilder pro Buchstabe?

Viele Anlauttabellen wählen pro Vokal zwei Bilder, die die unterschiedlichen Klangqualitäten ausdrücken sollen. So werden z. B. „Esel" und „Ente" gewählt, um die Laute [e:] und [ɛ] zu differenzieren. (analog: „Ofen" und „Ordner", „Igel" und „Insel"). May (1993, zit. nach Crämer et al. 1996)) behauptet, dass Kinder diese unterschiedlichen Lautqualitäten erst ab der dritten Klasse wahrnehmen können. Aus diesem Grund reiche ein Anlautbild pro Buchstabe. Kalmar (2000) dagegen ist der Überzeugung, dass sich diese Laute für nicht-alphabetisierte Kinder, die nicht durch den Filter der Schriftsprache hören, deutlich unterscheiden, was für zwei Anlautbilder spreche. Eine abschließende Antwort kann auf diese Frage aktuell nicht gegeben werden.

Was die konzeptionelle Anordnung der Buchstaben angeht, sollte aus sprachheilpädagogischer Sicht eine linguistische Systematisierung gewählt werden. So sollten stimmhafte und stimmlose Laute gegenübergestellt werden und Laute nach Lautgruppen zusammengefasst werden (z. B. Plosive, Frikative).

graphemische Vollständigkeit der Anlauttabelle

Kruth / Thul (2003) beschreiben als ein Qualitätskriterium für Anlauttabellen die Vollständigkeit der Grapheme und meinen damit, dass reduzierte Tabellen den Nachteil in sich bergen, dass fitte Kinder begrenzt werden. Insbesondere erwähnen sie die Notwendigkeit des Buchstabens <Y> für türkische Muttersprachler und das <c> aufgrund der zahlreichen Anglizismen in unserer Sprache („cool", „Computer") (160). Da eine Anlauttabelle aber primär das Ziel verfolgt, dass Kinder das lautgetreue Schreiben erlernen, sind Buchstaben, die sie dazu nicht brauchen, auf einer Anlauttabelle in meinen Augen überflüssig. Aus diesem Grund können die Buchstaben <y>, <c>, <v>, <ie>, <tz>, <ß> und ähnliche auf einer Tabelle vernachlässigt werden. Die Kinder können die Verwendung dieser Buchstaben auf der alphabetischen Stufe nicht herleiten. Es handelt sich um orthographische Besonderheiten, die im Rahmen des Rechtschreibunterrichts explizit thematisiert werden müssen. Die Kinder dürften nur verwirrt werden, wenn sie bspw. das Wort Fisch aufschreiben wollen, den Anlaut [f] identifiziert haben und nun auf der Anlauttabelle zwei Bilder finden, die diesem Laut entsprechen („Fuß" und „Vogel").

Reduzierte Anlauttabellen?

Es muss aber auch die Frage gestellt werden, ob es sinnvoll ist, die Kinder von Anfang an mit einer vollständigen Tabelle zu konfrontieren. Insbesondere für Kinder mit kognitiven Defiziten und Schwierigkeiten auf phonologischer Ebene kann es durchaus angebracht sein, die Buchstaben der Anlauttabelle etwa alle zwei Wochen sukzessive zu ergänzen. Der Nachteil liegt natürlich darin, dass die Schreibversuche der Kinder zunächst reglementiert werden und nur Wörter geschrieben werden können, die von der Lehrkraft ausgewählt werden.

Bevor die Kinder die Anlauttabelle zum lautgetreuen Aufschreiben benutzen, müssen sie mit Hilfe der Tabelle die PGK erlernen. Parallel zum Erwerb der PGK sollten die Kinder ein Training der Phonemanalyse und -synthese erhalten („phonologische Verknüpfungshypothese"; Hatcher et al. 1994). Erst wenn die Kinder Sicherheit in der Anlautidentifizierung gewonnen haben, ist es m. E. sinnvoll, die Kinder mit der Anlauttabelle zu konfrontieren.

Buchstabenlernen mit der Anlauttabelle

Im Folgenden werden methodische Schritte skizziert, die geeignet sind, die PGK zu erlernen.

Das erste Ziel besteht darin, dass der Wortschatz der Anlauttabelle im mentalen Lexikon abgespeichert und automatisiert abgerufen werden kann. Um mit der Anlauttabelle effektiv arbeiten zu können, dürfen die Kinder nicht zu lange nach dem Namen eines Anlautbildes suchen müssen.

Automatisierung des Wortschatzes

Dazu hängt die Lehrkraft die Bilder der Anlauttabelle an die Tafel. Die Bilder werden benannt, die Namen geklatscht, es werden Rätselspiele durchgeführt, bei denen das semantische Wissen zu den Wörtern angereichert wird („Das Bild, das ich meine, wohnt im Baum, schläft am Tag und jagt in der Nacht."). Je umfangreicher das Wissen zu einem Wort ist, desto automatisierter kann der Eintrag aktiviert werden. Werden die Bilder auf den Boden des Klassenzimmers gelegt, können die Kinder einen Gegenstand auf eines der Bilder werfen, das benannt werden muss. Die Kinder bekommen Würfel, die mit den Bildern der Anlauttabelle beklebt sind, würfeln abwechselnd und benennen die Bilder.

Im zweiten Schritt wird versucht, die Kinder zu motivieren, sich auf die Lautstruktur der Anlautwörter einzulassen. Dazu kann eine Schnecke als Identifikationsfigur eingesetzt werden, die die Wörter langsam gedehnt artikuliert. Die Kinder versuchen die Wörter zu verstehen und zu imitieren (Kap. 5.1). Zentral für das Erlernen der PGK ist der folgende Schritt. Die Schnecke ist zu müde, das ganze Wort zu sagen, sie schafft nur noch den ersten Laut. Die Kinder versuchen dennoch die Schnecke zu verstehen und das Wort zu erraten.

Isolierung des Anlautes

Die Lehrkraft verweist nun darauf, dass dieser Laut, den die Schnecke gerade noch produzieren konnte, durch ein Zeichen, nämlich dem Buchstaben aufgeschrieben werden kann. Nun werden die einzelnen Buchstaben den Anlautbildern zugeordnet und die Kinder versuchen sich einzuprägen: „Das ist das A wie die Ameise". Aufgrund der Bedeutung der Handzeichen im Erstleseunterricht sollte die Lehrkraft parallel die jeweiligen Handzeichen präsentieren.

Verknüpfung mit dem Graphem

erste Orientierungsübungen auf der Anlauttabelle

An ihren Plätzen erhalten die Kinder ihre Anlauttabelle und es werden erste Orientierungsübungen durchgeführt („Zeig mir die Ameise, die Sonne …", „Zeig mir das [a] wie die Ameise, das [z] wie die Sonne …", „Zeig mir das [a], zeig mir das [z] …"). Es ist darauf zu achten, dass dabei ausschließlich Laute und keine Buchstabennamen genannt werden.

Systematische Buchstabenanalyse

Neben der Arbeit mit der Anlauttabelle ist es insbesondere für leseschwache Kinder notwendig, die PGK systematisch zu erarbeiten. Bei dieser traditionellen, fibelorientierten Buchstabenanalyse steht die optische, akustische und taktil-kinästhetische Erarbeitung im Mittelpunkt.

unbewusste Produktion des isolierten Lautes

Den Ausgangspunkt sollte dabei der isolierte Laut bilden. Die Kinder sollen den Ziellaut im Rahmen einer Klanggeschichte möglichst hochfrequent unbewusst produzieren, bevor eine assoziative Verknüpfung mit dem entsprechenden Buchstaben hergestellt wird.

Dazu bieten sich Geschichten an, wie sie etwa von Plume / Schneider (2004) vorgestellt wurden.

taktilkinästhetische Analyse

Für Kinder mit sprachlichen Beeinträchtigungen ist es sinnvoll, wenn die Lautproduktion anschließend bewusst gemacht wird, indem die Kinder Artikulationsstelle und -vorgang mit Hilfe eines Handspiegels beobachten und die taktil-kinästhetischen Empfindungen versprachlichen.

optische Analyse

Im Anschluss daran werden der große und der kleine Buchstabe genau betrachtet und Ähnlichkeiten und Unterschiede zu bereits bekannten Buchstaben beschrieben.

akustische Analyse

Im Rahmen der akustischen Analyse sollte man sich an steigenden Schwierigkeitsgraden orientieren. Zuerst sollten die Kinder den isolierten Laut identifizieren und von ähnlichen Lauten unterscheiden können, bevor sie entscheiden sollen, ob ein Wort mit dem Ziellaut beginnt. Erst wenn dies gelingt, sollten Aufgaben zur Lautlokalisierung durchgeführt werden, bei denen die Kinder bestimmen, ob sie den Laut initial, medial oder final hören. Bei dieser Aufgabe sind einige linguistische Besonderheiten der deutschen Sprache zu beachten. So können stimmhafte Plosive ([b], [d], [g]) aufgrund der Auslautverhärtung final nicht wahrgenommen werden. Das [r] wird nur wort- oder silbeninitial oder innerhalb eines Konsonantenclusters artikuliert, nach den Vokalen [e], [i], [o] und [u] wird es als [ɐ] vokalisiert (z. B. „Vater" = [fatɐ]), nach dem Vokal [a] wird der Laut nicht realisiert (z. B. Garten = [ɡaːtn̩]).

Die graphomotorische Erarbeitung und das Lesen von Wörtern mit dem neuen Buchstaben können die systematische Buchstabenanalyse erfolgreich abschließen. Eventuell bietet es sich abschließend an, ein Stationentraining durchzuführen, bei dem alle Teilaspekte im Sinne der Sicherung und Automatisierung berücksichtigt werden. Ein Beispiel für die Einführungsstunde eines Buchstabens findet sich in Tab. 9.

Tab. 9 Systematische Buchstabenanalyse

Wir fahren mit dem Bulldog – Einführung des Graphems <B, b>	
Phasen des Unterrichtsverlaufs / Medien	Lehrer-Schüler-Interaktionen
Wiederholung Buchstabenkarten Anlauttabelle	L. zeigt den Kindern Buchstabenkarten. Kinder nennen den entsprechenden Laut und bilden das entsprechende Handzeichen. L. artikuliert einen Laut. Kinder zeigen den entsprechenden Buchstaben auf der Anlauttabelle und bilden das entsprechende Handzeichen. L. demonstriert Handzeichen. Kinder nennen den entsprechenden Laut und zeigen den Buchstaben auf der Anlauttabelle.
Einstimmung Bild eines Jungen und eines Bauern	L. hängt das Bild eines Jungen und eines Bauern an die Tafel. L.: Der Till war gestern bei seinem Opa auf dem Bauernhof. Auf dem Bauernhof gefällt es dem Till ganz besonders gut, auf dem Bauernhof kann man viele lustige Sachen erleben, auf dem Bauernhof kann man dem Bauern beim Melken helfen, da kann man auch in der Scheune verstecken spielen … Kinder erzählen von eigenen Erlebnissen.
unbewusste Produktion des Ziellautes Kassettenaufnahme „Bulldogfahren im Klassenzimmer"	L.: Heute darf der Till mit seinem Opa etwas ganz Besonderes machen, wenn du genau zuhörst, findest du heraus, was der Till heute machen darf. Kassettenaufnahme: anspringender Bulldog ([bbbbb]) Kinder äußern sich: Der Till darf mit dem Bulldog fahren. L.: Genau, und wir dürfen mitfahren. Kinder kommen in den Sitzkreis. L.: Zuerst müssen wir den Bulldog anlassen. L. simuliert das Umdrehen des Zündschlüssels und artikuliert zunächst langsam und dann immer schneller werdend [b, b, b, b …] L.: Till und sein Opa fahren ganz langsam los. L. und Kinder stehen auf, artikulieren langsam den Ziellaut und bewegen sich durchs Klassenzimmer. L.: Jetzt fährt der Bulldog schneller. L.: Jetzt macht der Bulldog ganz laute Geräusche. L.: Jetzt tuckert der Bulldog ganz leise. Kinder artikulieren den Laut entsprechend.
bewusste Produktion des Ziellautes Symbolkarten (Auge-, Mund-, Ohrenaufgabe) Handspiegel	L.: Der Bulldog macht ein komisches Geräusch, wir können denselben Laut sprechen und hören, und du weißt sicher schon, dass zu diesem Laut auch ein bestimmter Buchstabe gehört, den du heute kennen lernen sollst. Dazu machen wir drei Aufgaben, eine Mund-, eine Augen- und eine Ohrenaufgabe. L. hängt die entsprechenden Symbolkarten an die Tafel. Kinder kommen in den Sitzkreis. L. verteilt Handspiegel. Kinder artikulieren den Laut und beobachten Mund, Lippen … Kinder versprachlichen die Stellung der Lippen, der Zähne und der Zunge.

Einführung des Handzeichens	L.: Auch für das [b] gibt es ein Geheimzeichen L. demonstriert das Handzeichen, alle Kinder wiederholen. Kinder produzieren das Geheimzeichen und artikulieren den Laut. Kinder geben das Handzeichen im Kreis herum. Kinder setzen sich wieder auf den Platz.
optische Analyse TA: B, b „Fotografieren"	Augenaufgabe L. klappt die Tafel auf, sichtbar werden ein B und ein b. Kinder beschreiben die beiden Buchstaben, stellen Ähnlichkeiten mit und Unterschiede zu anderen Buchstaben fest. L.: Damit du dir das <B, b> gut merken kannst, darfst du es fotografieren. Kinder „fotografieren" den Buchstaben. L.: Mach die Augen zu. Wenn du das <B, b> in deinem Kopf sehen kannst, ist es o.k., wenn nicht, dann musst du es noch mal fotografieren.
Sicherung Arbeitsblatt	Arbeitsblatt L.: Kreise auf dem Arbeitsblatt alle großen <B> rot und alle kleinen <b> blau ein Kinder wiederholen den Arbeitsauftrag
akustische Analyse „B-Schachtel" verschiedene reale Gegenstände	Ohrenaufgabe L artikuliert verschiedene Laute, bei [b] machen die Kinder das vereinbarte Handzeichen „B-Schachtel": In der Mitte liegen verschiedene Gegenstände (oder Bildkarten), z. T. mit einem [b] als Anlaut. L.: Die Dinge, bei denen du am Anfang ein [b] hörst, dürfen in unsere B-Schachtel, die anderen müssen draußen bleiben. Kinder nehmen sich einen Gegenstand, artikulieren das Wort und entscheiden, ob der Gegenstand in die B-Schachtel gelegt werden darf.
Sicherung Arbeitsblatt	Arbeitsblatt L.: Auf dem Blatt gibt es ganz viele Bilder. Du malst jetzt nur die Bilder aus, bei denen du am Anfang ein [b] hörst. Kinder wiederholen den Arbeitsauftrag.
Abschluss	**Die Reise nach Jerusalem:** Gespielt wird nach den bekannten Regeln; das Kind, das keinen Platz erwischt, muss ein Wort mit [b] nennen.

Bedeutung von Lautgebärden / Handzeichen

Ziele der Lautgebärden

Handzeichensysteme ordnen Buchstaben und den entsprechenden Lauten eine mit den Händen gebildete Gebärde zu. Primäre Intention dieser Systeme im Rahmen des Schriftspracherwerbs ist die Unterstützung beim Einprägen der GPK. Zum anderen stellen die Gebärden eine Hilfe beim Erlernen der indirekten Lesestrategie dar, da die koartikulatorische Verschmelzung der Laute sichtbar gemacht werden kann. Auch der Prozess der Phonemanalyse und die Identifizierung einzelner Laute eines Wortes kann durch Handzeichen unterstützt werden, da Laute visualisiert werden können.

unterschiedliche Systeme

Es gibt zahlreiche Systeme, deren Handzeichen nach spezifischen Kriterien zusammengestellt wurden. Die meisten setzen aber nicht ein einzelnes Kriterium durchgängig um, sondern wählen je nach Buchstaben bzw. Laut das am besten passende Kriterium aus. Die wesentlichen **Kriterien** sind:

- Orientierung an der Lautbildung (Abb. 20)
- Orientierung an der Buchstabenform (Abb. 21)
- lautmalerische Assoziationen (Abb. 22)

Ein durchdachtes System, das diese Prinzipien bei der Auswahl der Handzeichen integriert, ohne eines zum Dogma zu erheben, findet sich bei Schäfer/Leis (2008).

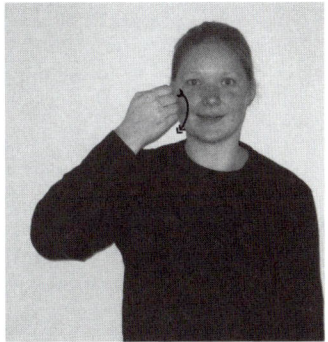

Abb. 20: Handzeichen für [g]: Verdeutlichung des Artikulationsortes (Schäfer/Leis 2008)

Abb. 21: Handzeichen für [l]: Orientierung an der Buchstabenform (Schäfer/Leis 2008)

Abb. 22: Handzeichen für [ai]: lautmalerische Assoziation (Schäfer/Leis 2008)

> Bei der Beurteilung der Qualität von **Handzeichensystemen** sollte darauf geachtet werden, dass großmotorisch auszuführende Handzeichen nicht sinnvoll sind, da die Kinder die Lautgebärden parallel zum Lesen und Schreiben einsetzen sollen. Aus diesem Grund sollten die Handzeichen auch mit einer Hand gebildet werden und in der motorischen Umsetzung nicht zu komplex sein.

Damit Lautgebärden tatsächlich eine Hilfe beim Einprägen der PGK sein können, „sollten die Lautgebärden [...] kontinuierlich mit jeder neuen Graphem-Phonem-Korrespondenz-Regel eingeführt werden, auch wenn es in der Klasse Schülerinnen gibt, die diese längst nicht mehr einsetzen" (Füssenich/Löffler 2005, 118 zit. nach Schäfer/Leis 2008, 9). Um den Abruf der PGK zu automatisieren, bietet es sich an, in jeder Lesestunde Übungen zu integrieren, die die Assoziation zwischen Laut, Buchstaben und Handzeichen stärken (vgl. Wiederholungsphase in Tab. 9). Wie Handzeichen beim Erlernen der indirekten Lesestrategie eingesetzt werden können, wird in Kapitel 4.3 beschrieben.

Übungen und Spiele zur Automatisierung der PGK

Bei den folgenden Übungen ist das Prinzip der verteilten Übung zu beachten. Kurze, wiederholte Übungsphasen sind langen, zeitintensiven Übungen vorzuziehen.

- **Laute hören, Buchstaben schreiben:** Den Kindern werden von Kassette Laute vorgespielt und sie haben die Aufgabe, die entsprechenden Buchstaben aufzuschreiben. Die Lehrkraft demonstriert Handzeichen, die Kinder schreiben die Buchstaben auf.
- **Schnipp-Schnapp:** Dieses Spiel wird in Partnerarbeit gespielt. Ein Kind hat einen Stapel mit großen Buchstaben, das andere Kind hat einen Stapel mit kleinen Buchstaben. Beide Kinder spielen gleichzeitig eine Karte aus. „Schnipp- Schnapp" wird gerufen, wenn großer und kleiner Buchstabe übereinstimmen. Wer falsch ruft, muss eine Karte abgeben.
- **Buchstabenstraße:** Aus Buchstabenkarten wird eine „Straße" gelegt. Die Kinder bekommen eine Spielfigur und stellen diese auf das Startfeld. Ein Satz beliebiger Bildkarten wird gleichmäßig an die Kinder verteilt. Die Kinder würfeln reihum, rücken mit ihrer Spielfigur auf der Buchstabenstraße vorwärts, benennen den Buchstaben und dürfen eine Bildkarte mit dem entsprechenden Anlaut ablegen. Wer als Erstes keine Karte mehr hat, hat gewonnen.
- **Buchstabenbingo:** Die Kinder erhalten eine Matrix mit Buchstaben (5 x 5 Felder); die Lehrkraft nennt nacheinander Laute; die Kinder streichen den entsprechenden Buchstaben durch; Sieger ist, wer als Erstes vier Buchstaben waagrecht oder senkrecht durchstreichen konnte. Die Kinder können die Matrix auch selbst erstellen.
- **Anlautbilder abschießen:** An der Tafel hängen laminierte Bilder der Anlauttabelle. Die Kinder werfen mit einem Softball, einem nassen Schwamm o. Ä. auf die Bilder und benennen das Bild sowie den entsprechenden Laut.
- **Buchstabenkreisel:** In den Deckel eines Schuhkartons werden beliebige Buchstaben geschrieben. Die Kinder drehen einen Kreisel und benennen möglichst schnell alle Buchstaben, über die der Kreisel „läuft".
- **Buchstaben verbinden:** Die Kinder erhalten ein Blatt, auf dem in willkürlicher Anordnung Buchstaben geschrieben wurden. Die Lehrkraft nennt eine Folge von Lauten, die Kinder verbinden die Buchstaben in dieser Reihenfolge.
- **Buchstabensequenzen hüpfen:** Im Pausenhof werden Buchstaben in Kästchen geschrieben (ähnlich wie beim Kinderspiel „Himmel und Hölle"); die Lehrkraft nennt eine Lautsequenz, die die Kinder nachhüpfen müssen.
- **Buchstaben abklatschen:** Die Lehrkraft schreibt Buchstaben an die Tafel und nennt eine Folge von Lauten. Die Kinder haben die Aufgabe, die entsprechenden Buchstaben in der genannten Reihenfolge abzuklatschen.

- **„Finde mich":** Die Kinder haben paarweise einen Buchstaben oder ein Bild der Anlauttabelle umhängen und bewegen sich zu Musik im Zimmer; bei Musikstopp muss das „Bild" seinen „Buchstaben" finden.
- **Anlauttabellenwettkampf:** An der Tafel hängt eine Anlauttabelle. Zwei Kinder der Klasse stehen an der Tafel. Einzelne Mitschüler bilden ein Handzeichen oder nennen einen Laut. Das Kind, das den richtigen Buchstaben auf der Tabelle zuerst zeigt, bekommt einen Punkt.
- **Buchstabenwürfel:** Ein Würfel wird mit Buchstaben beklebt; die Kinder würfeln, benennen den Buchstaben und überlegen sich möglichst viele Wörter, die den gewürfelten Buchstaben als Anlaut besitzen.

5.3 Förderung beim Erlernen des phonologischen Rekodierens

Deutschsprachige Kinder werden im Erstleseunterricht üblicherweise von Anfang an mit dem alphabetischen Prinzip der Schriftsprache konfrontiert. Auf der Ebene der Rezeption spielt dabei das Erlernen der indirekten Lesestrategie eine zentrale Rolle. Diese Strategie ermöglicht es, auch von unbekannten Wörtern die Aussprache zu generieren, und kann somit maßgeblich zur Entwicklung selbstständigen Lesens beitragen. Da sich die für die automatisierte Worterkennung notwendigen mentalen Repräsentationen nur in der Folge der wiederholten phonologischen Rekodierung ausbilden können, stellt die indirekte Lesestrategie zwar keine hinreichende, aber eine unerlässliche Bedingung der Automatisierung des Leseprozesses dar. Um der Gefahr langfristiger Nachteile präventiv zu begegnen, kommt einem Unterricht, der den Kindern frühzeitig Sicherheit in der Anwendung des phonologischen Rekodierens vermittelt, deshalb besondere Bedeutung zu.

Bedeutung des Erlernens der indirekten Lesestrategie

Obwohl in Ländern mit transparenten Orthographien die Ausbildung der direkten Lesestrategie und damit die Automatisierung des Leseprozesses das primäre Defizit leseschwacher Kinder darstellt (Wimmer 1993a), lassen sich auch in der deutschsprachigen Literatur Hinweise auf Defizite beim Erlernen des phonologischen Rekodierens finden.

Defizite beim Erlernen des phonologischen Rekodierens

Klicpera et al. (2007) berichten, dass Kinder, die zu einem späteren Zeitpunkt als leseschwach klassifiziert wurden, nach drei Monaten Unterricht weniger als 20 % der drei bis fünf Buchstaben langen Pseudowörter richtig erlesen konnten, während durchschnittlich und gut lesende Kinder Werte zwischen 75 % und 90 % erreichten.

Insbesondere die koartikulatorische Verschmelzung einzelner Laute zu Wörtern bereitet Schwierigkeiten. Oft werden nur die Lautwerte einzelner Buchstaben genannt.

Schwierigkeiten bei der Synthese

Fortschritte, aber kein Aufholen

Obwohl sich auch die meisten leseschwachen Kinder bis zum Ende der ersten Klasse die grundlegende Technik des phonologischen Rekodierens aneignen können, bleiben sie im Vergleich zu durchschnittlich lesenden Kindern langsamer und fehleranfälliger. Immerhin konnten auch leseschwache Kinder nach einem Jahr Leseunterricht 66% der kurzen, einsilbigen und 40% der dreisilbigen Pseudowörter richtig wiedergeben. Dennoch erreichen sie, trotz weiterer Fortschritte während der gesamten Grundschulzeit, am Ende der vierten Klasse nicht das Niveau, das durchschnittlich lesende Kinder bereits am Ende der ersten Klasse erreicht haben (Klicpera et al. 2007).

Im Widerspruch dazu stehen die Ergebnisse der Salzburger Forschungsgruppe (z.B. Wimmer 1993a), die bei leseschwachen Kindern zwar Defizite in der Lesegeschwindigkeit von Pseudowörtern, nicht aber in der Lesegenauigkeit identifizieren konnte.

relatives Defizit

Insgesamt ergibt sich ein Bild anhaltender Schwierigkeiten beim Erlernen des phonologischen Rekodierens, wobei es sich nicht um ein „absolutes Versagen", sondern um ein „relatives Defizit" handelt (Klicpera/Gasteiger-Klicpera 1995, 81). Auch wenn man für die Förderung die Ergebnisse der Salzburger Forschungsgruppe zugrunde legt, ist ein Unterricht, der das phonologische Rekodieren nicht nur anbahnt, sondern diese Fähigkeit perfektioniert, eine zentrale Säule einer umfassenden Förderung im Rahmen des Erstleseunterrichts.

Bei Kindern, die beim Erlernen des phonologischen Rekodierens Schwierigkeiten haben, lassen sich unterschiedliche Kompensationsstrategien identifizieren. Sie prägen sich häufige Wörter an visuell markanten Merkmalen ein und können diese Wörter mit recht hoher Sicherheit korrekt benennen, während sie das Lesen unbekannter oder seltener Wörter verweigern. Dies entspricht der logographemischen Strategie, die im deutschsprachigen Raum aufgrund des stark einzellautorientierten Unterrichts aber nur vereinzelt zu beobachten ist.

Ein Fallbeispiel aus Crämer/Schumann (2002, 285) kann die Vorgehensweise der **logographemischen Strategie** illustrieren:

„Martin, der die zweite Klasse wiederholt, soll einen zu Hause geübten, kurzen Fibeltext vorlesen. Den ersten Abschnitt liest er flüssig vor, wobei er jedes Wort richtig mit dem Finger zeigt. Als er jedoch noch einen nicht geübten Textabschnitt vorlesen soll, stockt er, schaut hilflos auf, und bewegt seinen Finger völlig orientierungslos im Text umher. ‚Des hab ich noch net geübt'. Gefragt, welche Wörter aus dem Text er denn lesen kann, nennt Martin den Namen des Fibelkindes ‚Uta' und zeigt ihn auch an mehreren Textstellen. Andere Wörter kann er nicht lesen […]"

Zum Teil orientieren sich die Kinder beim Erlesen unbekannter Wörter auch stark am Kontext und an einzelnen Buchstaben, was eher einer Ratedenn einer Lesestrategie gleich kommt. Wörter werden nicht vollständig verarbeitet, sondern durch eine Mischung aus Lesen und Raten benannt. Trotz der grundsätzlichen Fähigkeit, das alphabetische Prinzip anzuwenden, scheinen manche Kinder das mühsame phonologische Rekodieren durch die Ausnutzung des Kontextes abkürzen zu wollen, um so ihre Lesegeschwindigkeit zu steigern (Ritter 2005, 16).

starke Orientierung am Kontext

> Für diese Kinder ist eine **Förderung auf Wortebene** von besonderer Bedeutung, da sie beim Erlesen einzelner Wörter nicht auf einen Kontext zurückgreifen können und die Wörter vollständig verarbeiten müssen (Kap. 5.4).

Kinder, die das phonologische Rekodieren verstanden, die Anwendung aber nicht perfektioniert haben, sodass der Prozess einen Großteil der kognitiven Kapazitäten absorbiert und das Arbeitsgedächtnis überlastet, haben zwangsläufig auch Schwierigkeiten mit dem Leseverständnis.

Probleme bei der Sinnentnahme

Ein weiteres Fallbeispiel aus Crämer / Schumann (2002, 286) soll diese **Probleme bei der Sinnentnahme** illustrieren:

„Markus hat das wichtige Prinzip der Synthese verstanden und erliest sich Wörter und Texte streng lautierend. Selbst bei gut geübten Lesetexten werden kurze, häufig wiederkehrende Wörter von ihm stets aufs Neue synthetisiert [...]. Beim Erlesen eines fremden Textes (Bildergeschichte und Text) geht Markus folgendermaßen vor (Crämer 1989): Er beginnt sofort zu lesen, ohne die einzelnen Bilder genauer zu betrachten. Markus beginnt auch nicht mit der Überschrift, [...], sondern wendet sich sofort der ersten Bildunterschrift zu (,Komm Bingo, lass dich nicht so ziehen! Wir haben so schwer zu schleppen!'). Markus liest sehr langsam, jedes Wort synthetisierend. Als er gefragt wird, was er gerade gelesen hat, kann er nicht antworten, sondern weicht aus und sagt: ,Die zelten'. Eine Information, die er den nachfolgenden Bildern entnommen hat [...]."

Fördermöglichkeiten

Der Erstleseunterricht sollte in den ersten Schulmonaten das Ziel verfolgen, den Kindern Sicherheit in der Anwendung der indirekten Lesestrategie zu vermitteln, um damit die Basis für die Automatisierung des Leseprozesses zu legen.

Dabei ist ein Unterricht, der zunächst die Lesetechnik fokussiert, erfolgversprechender als ein Unterricht, der von Texten ausgehend die kommunikative Bedeutung der Schriftsprache in den Mittelpunkt stellt.

Bedeutung systematischen Lernens

Im Folgenden werden einige Vorschläge gemacht, wie dieses Ziel methodisch realisiert werden kann. Dabei müssen insbesondere Risikokindern explizite und systematische Hilfen zur Verfügung gestellt werden. Tipps wie „Du musst die Buchstaben zusammenlesen!", „Du musst das Wort wie einen Kaugummi rausziehen!", „Du musst den einen Buchstaben so lange im Mund behalten, bis der andere anfängt!" sind Empfehlungen, die bei den meisten Kindern eher Verwirrung stiften, als dass sie eine Hilfe darstellten.

parallele Förderung der phonologischen Bewusstheit

Die in Kapitel 5.1 skizzierte Förderung der phonologischen Bewusstheit ist ein unverzichtbarer Bestandteil des Unterrichts und sollte parallel zur Vermittlung der indirekten Lesestrategie den Schwerpunkt auf die Phonemsynthese legen.

Einsatz der Lautgebärden

Wie in Kapitel 5.2 bereits angedeutet, stellen Handzeichen neben ihrer gedächtnisstützenden Funktion beim Erlernen der PGK auch eine effektive Hilfe beim Erlernen des phonologischen Rekodierens dar, da die koartikulatorischen Übergänge zwischen den Lauten durch die Handbewegungen visualisiert werden können.

Dabei ist der Einsatz von Schrift zunächst nicht zwingend erforderlich. Beispielsweise können Bilder an die Tafel gehängt werden, deren Namen die Lehrkraft mit Handzeichen gebärdet. Die Kinder versuchen das entsprechende Bild zu identifizieren. Später erhalten die Kinder ein Blatt mit einfach strukturierten Wörtern. Die Lehrkraft gebärdet Wörter, die Kinder suchen und unterstreichen die gemeinten Wörter. Die Rolle der Lehrkraft kann nach einiger Zeit auch von Kindern übernommen werden, sodass die Übungen auch in Partnerarbeit durchgeführt werden können. Dabei können z. B. Partnerdiktate eingesetzt werden, bei denen ein Kind aus mehreren Wortkärtchen ein Wort auswählt, dieses mit Handzeichen gebärdet, während der Partner das diktierte Wort nennt und aufschreibt.

Zu Beginn des Schriftspracherwerbs sollten die Kinder beim Lesen stets dazu aufgefordert werden, während der phonologischen Rekodierung die entsprechenden Handzeichen einzusetzen. Als Erinnerungshilfe bietet es sich an, die Handzeichen auf Leseblättern über den Buchstaben einzufügen (Abb. 23).

Übungen mit sinnfreien Graphemfolgen

Für Kinder mit Problemen beim Erwerb der Lesesynthese bietet es sich an, sie zunächst sinnfreie Graphemfolgen rekodieren zu lassen. Auch wenn diese Methode keine Möglichkeit der Sinnentnahme bietet, ermöglicht sie mit Unterstützung von Handzeichen, das phonologische Rekodieren systematisch zu erlernen.

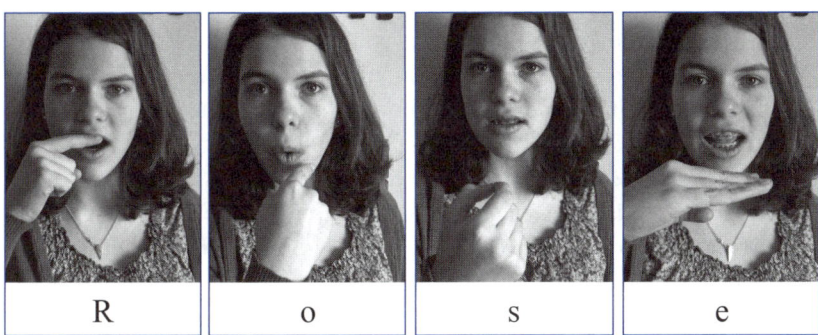

Abb. 23: Handzeicheneinsatz auf Arbeitsblättern

Die Bedeutung des systematischen Erlernens der Lesetechnik unter Umständen auch mit sinnfreien Silben ist in der Grundschuldidaktik sehr umstritten.

In einem Gutachten zum Leselernkonzept „IntraActPlus" (Jansen / Streit 2007) kritisiert Brügelmann (2009) unter anderem, dass es die Kinder stumpfsinnig Buchstaben und sinnfreie Silben trainieren lasse, ohne einen Bezug zu einem Kontext oder den persönlichen Erfahrungen der Kinder herzustellen.

Das vollständige Gutachten findet sich unter *www.agprim.uni-siegen.de/printbrue/iapgutachten.pdf* (27.07.2009).

Diese Kritik ist sicherlich berechtigt, wenn sich die Vermittlung schriftsprachlicher Kompetenzen auf diesen Aspekt reduzierte. Natürlich muss diese Fördermethode durch das sinnentnehmende Lesen kindgemäßer und motivierender Texte ergänzt werden. Dennoch erscheint das Konzept „IntraActPlus", trotz Schwächen in der theoretischen Grundlegung, aus meiner Sicht geeignet, den Kindern die Technik des phonologischen Rekodierens systematisch zu vermitteln und zu automatisieren. Auch Probst-Eschke, Leiterin einer Hamburger Sprachheilschule, betont, dass im traditionellen Leseunterricht mit Fibeln und Anlauttabellen die eigentliche Technik des Lesens vernachlässigt werde (Schultz 2009).

Dabei sollte darauf geachtet werden, dass zunächst ausschließlich mit Vokalen und dauerhaft artikulierbaren Konsonanten (Frikative, Nasale, Liquide) gearbeitet wird, da den Kindern die Synthese durch die Möglichkeit des gedehnten Sprechens leichter fällt als bei Plosiven. Es gilt für das Erlernen des phonologischen Rekodierens das, was in Kapitel 5.1 zur linguistisch orientierten Wortauswahl formuliert wurde. Erst wenn die Kinder beim Rekodieren ein- und zweisilbiger Wörter bestehend aus Vokalen und

linguistisch orientierte Wortauswahl

Kontinuenten eine gewisse Sicherheit erlangt haben, sollten Plosive integriert werden. Auch wenn meine persönliche Erfahrung gezeigt hat, dass Kinder beim Lesen mit der Verarbeitung orthographischer Besonderheiten (Dehnungs-h, <ie>, Doppelkonsonanz etc.) nur geringe Schwierigkeiten haben, sollte bei leseschwachen Kindern zu Beginn ausschließlich lautgetreues Wortmaterial verwendet werden. Dieses Prinzip wird sich jedoch kaum vollständig durchhalten lassen, da die Wortauswahl dadurch zu sehr eingeschränkt würde.

Übung mit einer begrenzten Wortauswahl

Um die indirekte Lesestrategie explizit und systematisch zu vermitteln, sollten die Kinder das phonologische Rekodieren an einer begrenzten Auswahl an Wörtern mit hoher Intensität üben. Diese Methode hat zum einen den Vorteil der Systematik, zum anderen gelingt es den Kindern durch den hochfrequenten Umgang mit denselben Graphemfolgen, orthographische Repräsentationen zu abstrahieren, die zur ganzheitlichen Erkennung genutzt werden können. So kann bereits auf diesem Weg die automatisierte Worterkennung angebahnt werden.

Für Kinder mit massiven Schwierigkeiten beim Erlernen der indirekten Lesestrategie ist das Arbeitsmaterial des Kieler Leseaufbaus (Dummer-Smoch / Hackethal 2002) eine wertvolle Unterstützung. Darin wird u. a. ein Silbenteppich als effektive Methode vorgeschlagen (Abb. 24).

	a	e	i	o	u	au	ei
m	ma	me	mi	mo	mu	mau	mei
r	ra	re	ri	ro	ru	rau	rei
s	sa	se	si	so	su	sau	sei

Abb. 24: Silbenteppich (Dummer-Smoch / Hackethal 2002, 33)

Dummer-Smoch / Hackethal (2002) schlagen folgende **Übungsmöglichkeiten mit dem Silbenteppich** vor:

- Eine Zeile mit Silben wird mit Hilfe von Handzeichen synthetisiert, die Lehrkraft stoppt die Zeit.
- Die Reihe wird ein zweites Mal vorgelesen. Wieder wird die Zeit notiert und dem Kind der Fortschritt verdeutlicht.
- Die Lehrkraft stellt eine Silbe mit Handzeichen dar. Das Kind nennt die Silbe und zeigt sie.

- Die Lehrkraft zeigt auf einzelne Silben, die das Kind mit Handzeichen liest.
- Die Lehrkraft zeigt auf zwei Silben, die ein sinnvolles Wort ergeben. Das Kind gebärdet die beiden Silben mit Handzeichen und nennt das Wort.
- **„Mäuschenspiel":** Die Kinder erhalten einen unausgefüllten Silbenteppich. Die Lehrkraft markiert in ihrem eigenen Silbenteppich mehrere Felder als „Mäuschen". Die Kinder versuchen diese ausfindig zu machen, indem sie fragen: „Ist das ‚Mäuschen' bei ‚mi' versteckt?" Verneint die Lehrkraft, schreiben alle Kinder die Silbe „mi" in das dafür vorgesehene Kästchen. Ziel ist es, gemeinsam die drei „Mäuschen" der Lehrkraft zu „fangen".

Im Folgenden werden weitere Anregungen für **Kinder mit Schwierigkeiten beim Erlernen der indirekten Lesestrategie** gegeben:

- **Vokal- und Konsonantenwürfel:** Zwei Würfel werden jeweils mit Vokalen bzw. Konsonanten beklebt. Die Kinder würfeln und synthetisieren Vokal und Konsonant. Alternativ können die Würfel mit VK- oder KV-Verbindungen beklebt werden, sodass aus den Silben Unsinnswörter erlesen werden können.
- **Zauberliste:** Für dieses Spiel werden laminierte Pläne wie in Abb. 25 benötigt. Die Kinder würfeln viermal und kreisen je nach Würfelbild die entsprechenden Buchstaben ein. Der erste Wurf bezieht sich auf die erste Spalte, der zweite Wurf auf die zweite Spalte und so weiter. Nachdem die gewürfelten Buchstaben eingekreist wurden, wird das „Zauberwort" vorgelesen.
- **Fahrstuhllesen:** Die Lehrkraft stellt Buchstabenkärtchen mit einer Farbe für Vokale und einer anderen Farbe für Konsonanten her. Einige Konsonantenkärtchen werden untereinander an die Tafel gehängt. Die Lehrkraft lässt ein Vokalkärtchen von oben nach unten die Konsonanten entlangfahren. Die Kinder lesen die dabei entstehenden Silben.

	1. Wurf	2. Wurf	3. Wurf	4. Wurf
⚀	(a)	l	o	f
⚁	e	r	(u)	s
⚂	i	(s)	i	l
⚃	o	m	e	m
⚄	u	n	a	(r)
⚅	e	w	i	n

Abb. 25: Zauberliste

- **Laute zusammenschwingen:** Vor dem Kind liegen in etwa einem Meter Abstand Buchstabenkarten. Auf der linken Seite liegen Frikative oder Nasale, auf der anderen Seite die fünf Vokale. Das Kind zeigt auf einen Buchstaben links, artikuliert diesen dauerhaft, schwingt den Arm zu einem der Vokale und synthetisiert die beiden Laute.
  Alternativ werden auf die Finger der linken Hand Frikative oder Nasale und auf die Finger der rechten Hand die Vokale geschrieben. Das Kind streckt einen Finger der linken Hand aus, artikuliert den entsprechenden Laut, führt diesen artikulierend an einen Finger der rechten Hand und synthetisiert die Silbe.

- **Silbendomino:** Die Anfangssilbe eines Wortes wird auf der Dominokarte gelesen und soll als Anfang eines Wortes erkannt werden, das angelegt werden darf (Abb. 26). Alternativ kann ein Spiel mit der ganzen Klasse gespielt werden. Alle Kinder bekommen eine Karte mit der Anfangs- oder Endsilbe eines zweisilbigen Wortes und bewegen sich zur Musik im Klassenzimmer. Wenn die Musik stoppt, muss jedes Kind den Partner suchen, mit dem zusammen es ein sinnvolles Wort bildet. Als Hilfestellung können Anfangs- und Endsilben in unterschiedlichen Farben markiert werden.

Abb. 26: Silbendomino

Die beiden folgenden Übungen wurden ursprünglich von Franke (2008) für die Artikulationstherapie entwickelt, um die korrekte Lautproduktion auf Silbenebene zu stabilisieren. Sie können aber auch zum Erlernen des phonologischen Rekodierens eingesetzt werden.

- **Buchstabenrutsche:** An die Tafel wird eine Rutsche gezeichnet. An den Fuß der Rutsche werden Konsonanten geschrieben. Nun lässt das Kind Vokalkärtchen die Rutschbahn hinuntergleiten und artikuliert den Laut, bis dieser auf einen Konsonanten trifft und die Silbe synthetisiert wird (Abb. 27).

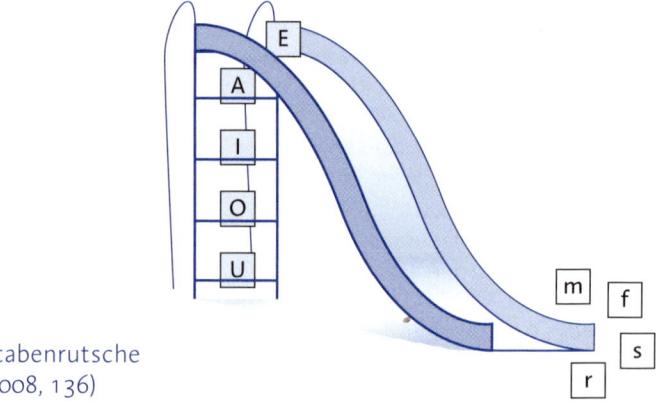

Abb. 27: Buchstabenrutsche (nach Franke 2008, 136)

- **Buchstaben abschießen:** Die Lehrkraft schreibt in die Mitte der Tafel einen Konsonanten und drum herum die fünf Vokale. Das Kind darf nun die Vokale „abschießen", indem es einen Strich vom Konsonanten zum Vokal zieht und dabei die Silbe synthetisiert (Abb. 28).
- **Buchstabenfächer** (Abb. 29): Die Buchstaben eines Wortes werden auf Streifen geschrieben, laminiert und anschließend auseinandergeschnitten. Nun werden die Buchstabenstreifen in beliebiger Reihenfolge aufeinandergelegt (nach oben kommt das Bild des Wortes), am unteren Ende gelocht und mit einer Briefklammer zusammengefügt. Das Kind hat die Aufgabe, die Buchstaben dieses „Fächers" in die richtige Reihenfolge zu bringen und das Wort aufzuschreiben.
- **Arbeit mit Fotodosen:** Buchstabenkarten werden laminiert, auseinandergeschnitten und in eine Fotodose gelegt (Forster/Martschinke 2001). Das Bild des entsprechenden Wortes wird auf die Dose geklebt. Das Kind hat die Aufgabe, die Buchstabenkarten in die richtige Reihenfolge zu bringen und das Wort aufzuschreiben (Abb. 30).

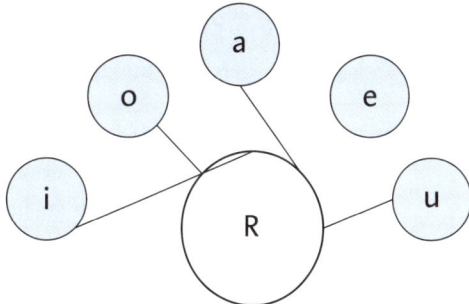

Abb. 28: Buchstaben abschießen (nach Franke 2008, 135)

Abb. 29: Buchstabenfächer

Abb. 30: Fotodosen

Eine wichtige Hilfe beim Zusammenlesen von Wörtern stellen Lesepfeile dar, da die Buchstaben der zu erlesenden Wörter dabei sukzessive sichtbar gemacht werden (Abb. 31).

Abb. 31: Lesepfeil

Da es leseschwachen Kindern in der Regel besonders schwer fällt, längere Wörter in ökonomische Einheiten zu gliedern, bietet es sich an, den Kindern einzelne Silben in kleinen Abständen voneinander zu präsentieren. Scheerer-Neumann (1981, zit. nach Ritter 2005) konnte zeigen, dass sich die Leseleistung leseschwacher Kinder deutlich erhöht, wenn mehrsilbige Wörter in Silben gegliedert präsentiert werden (Abb. 32).

> Beim Sonn tags früh stück fragt Mut ter: „Habt ihr Lust, nach her zum Ba den zu fahr en?" Da bei sieht sie so aus, als er war te sie Bei fall für ih ren Vor schlag.

Abb. 32: Silbensegmentierter Lesetext

5.4 Förderung der automatisierten Worterkennung

beeinträchtigte Automatisierung als zentr. Defizit

In Kapitel 3.4 wurde betont, dass in deutschsprachigen Ländern die primär mit der Benennungsgeschwindigkeit assoziierte Automatisierung der Worterkennung das zentrale Problem leseschwacher Kinder darstellt (Serrano / Defior 2008, 82):

> „Dyslexia in less consistent orthographies becomes apparent on the basis of problems in reading accuracy, although of course speed problems are also characteristic. In more transparent orthographies, reading accuracy seems to be a less important factor, whereas reading speed appears more determining."

Bedeutung einer phonologisch orientierten Förderung

Dennoch stellen phonologisch orientierte Maßnahmen im Rahmen des Erstleseunterrichts eine absolute Notwendigkeit dar (Kap. 5.1 und 5.3), da sie Kindern eine hohe Lesegenauigkeit vermitteln und damit die Basis für automatisierte Leseprozesse legen können. Durch den mittlerweile weit verbreiteten Einsatz phonologisch orientierter Förderprogramme (z. B. Forster / Martschinke 2001; Küspert / Schneider 2006; Hartmann / Dolenc 2005) gibt es in der Praxis immer effektivere Möglichkeiten, den Kindern das alphabetische Prinzip zu vermitteln und ihnen den Start in den Schriftspracherwerb zu erleichtern.

Auf diesem Fundament gelingt es vielen Kindern, den Leseprozess auf natürlichem Weg zu automatisieren. Vielfältige Leseerfahrungen sind in den meisten Fällen ausreichend, orthographische Repräsentationen zu abstrahieren, die es ermöglichen, Wörter auf direktem Weg zu erkennen. Dies ist vermutlich mitverantwortlich dafür, dass kaum Ansätze zur gezielten Förderung automatisierter Leseprozesse zur Verfügung stehen. Offenbar vertraut man darauf, dass dies ohne spezifische Unterstützung auf der Basis des phonologischen Rekodierens gelingt (Ritter 2005, 116):

> „Da der größte Teil der Kinder das Lesen ohne Schwierigkeiten erlernt, scheint dieses Vertrauen in den meisten Fällen gerechtfertigt zu sein. Allerdings gibt es eben auch eine kleine Gruppe von Kindern, die diese intuitive Leistung nicht vollbringt."

Aus diesem Grund besteht die Notwendigkeit, phonologisch orientierte Fördermaßnahmen durch Maßnahmen zu ergänzen, die automatisierte Leseprozesse in den Mittelpunkt stellen.

ergänzende Förderung automat. Leseprozesse

In diesem Zusammenhang kommt der Förderung der automatisierten Worterkennung eine zentrale Bedeutung zu, da diese die Fähigkeit darstellt, anhand welcher man am besten zwischen durchschnittlich lesenden und leseschwachen Kindern differenzieren kann (Ehri / Wilce 1983; Torgesen et al. 1997).

Die direkte Worterkennung gilt zudem als notwendige Voraussetzung für die sinnentnehmende Verarbeitung von Texten. Im Grundschulalter stellt sie den dominanten Faktor für die Erklärung von Unterschieden im Leseverständnis dar (Torgesen / Hudson 2006). Dieser Zusammenhang kann durch das Modell des „simple-view-of-reading" erklärt werden, der das Leseverständnis als Produkt aus Worterkennung und Hörverstehen interpretiert (Kap. 1). Je automatisierter der Dekodiervorgang, desto mehr kognitive Ressourcen stehen für das Leseverständnis zur Verfügung. Negativ ausgedrückt verhindert eine beeinträchtigte Dekodierfähigkeit das Verständnis des Gelesenen.

Basis für das Leseverständnis

Entsprechend kamen Chard et al. (2002) in einer Analyse des Forschungsstandes zu dem Ergebnis, dass eine Verbesserung der direkten Worterkennung in vielen Fällen mit einer Verbesserung des Leseverständnisses einhergeht, auch wenn das nicht das Ziel der Intervention war.

Dies darf nicht dahingehend missverstanden werden, dass eine automatisierte Worterkennung ausreichend für ein adäquates Leseverständnis wäre. Dieses hängt ebenso von semantischen, grammatikalischen und pragmatischen Kompetenzen ab. Deshalb benötigen insbesondere Kinder mit rezeptiven sprachlichen Beeinträchtigungen auch eine gezielte Unterstützung im Leseverständnis (Kap. 5.5).

Prinzipien der Förderung

Schwerpunkt der Förderung: isolierte Worterkennung

Es stellt sich die Frage, wie die direkte Lesestrategie am effektivsten vermittelt werden kann. In der schulischen Praxis konzentriert man sich meist auf das wiederholte Lesen von Geschichten, bis die Kinder einen Text flüssig lesen können. Aufgrund der Bedeutung der kontextfreien Worterkennung halte ich es für effektiver, im Unterricht einen Schwerpunkt auf diesen Bereich zu legen.

Obwohl Studien, die Interventionsmaßnahmen auf Text- und Wortebene hinsichtlich ihrer Auswirkungen auf die Lesegeschwindigkeit, den Transfer auf nicht geübtes Wortmaterial und das Leseverständnis verglichen, ähnliche Effekte nachweisen konnten (Levy 2001; Martin-Chang / Levy 2005; Tan / Nicholson 1997), verspricht die **Förderung auf Wortebene** mehrere Vorteile.

motivationaler Aspekt

Zum einen ermöglicht das Lesen auf Wortebene auch leseschwachen Kindern schnelle Erfolgserlebnisse, während Texte für Kinder mit Misserfolgserlebnissen und Versagensängsten bei schriftsprachlichen Anforderungen eher demotivierend wirken können.

Bedeutung des wiederholten Lesens

Aber auch um Automatisierungsprozesse in Gang zu setzen, scheint eine Förderung auf Wortebene erfolgversprechender zu sein. „Wiederholtes Lesen mit einer wiederholten Aktivierung der entsprechenden phonologischen Wortform verbessert die Abrufqualität" (Glück 2000b, 53). Je häufiger ein Wort phonologisch rekodiert wird, desto hochwertiger sind die ausgebildeten orthographischen Repräsentationen, die ein direktes Erkennen ermöglichen. Dieser im ungestörten Schriftspracherwerb als „self-teaching-mechanism" (Share 1999) bezeichnete Prozess scheint bei leseschwachen Kindern blockiert zu sein. Sie brauchen eine höhere Anzahl an wiederholten Konfrontationen, um wortspezifisches Wissen abstrahieren zu können. Dem kann bei einer Förderung auf Wortebene besser entsprochen werden als beim Lesen von Texten.

Aus diesem Grund sollte sich der Unterricht nicht auf ein „unsystematisches Viellesen" reduzieren, vielmehr müssen die Kinder motiviert werden, dasselbe Wortmaterial immer wieder zu lesen. Eine alleinige Erhöhung des Zeitraums, in dem sich Kinder mit Leseaufgaben beschäftigen, ist nicht ausreichend, um den Leseprozess zu automatisieren (Hook / Haynes 2008).

präventiver Aspekt

Eine Förderung auf Wortebene kann zudem früher einsetzen als die Arbeit mit Texten, wodurch dem präventiven Gedanken besser entsprochen werden kann und nicht der Zeitpunkt abgewartet werden muss, bis sich Probleme mit der Leseflüssigkeit manifestiert haben.

vollständige phonologische Verarbeitung

Zentrales Argument für eine Förderung auf Wortebene ist die Tatsache, dass sich leseschwache Kinder beim Textlesen aufgrund ihrer beeinträchtigten Dekodierfähigkeiten stark auf den Kontext verlassen und diesen zum

"Erraten" von Wörtern nutzen (Ehri / Wilce 1983). Deshalb kann ein Training auf Kontextebene unter Umständen auch kontraproduktive Konsequenzen haben, wenn der vollständigen Verarbeitung von Wörtern nicht genügend Aufmerksamkeit geschenkt wird. Aus diesem Grund ist ein Training auf Wortebene besonders effektiv, um orthographische Repräsentationen auszubilden, da die Kinder gezwungen sind, die Wörter vollständig zu erlesen.

Eine Möglichkeit, die automatisierte Worterkennung auszubilden, besteht darin, die Anzahl der Wörter, die das Kind auf direktem Weg benennen kann, kontinuierlich zu vergrößern. Allerdings hat diese Methode den Nachteil der mangelnden Ökonomie, da so immer nur ein exemplarisches Lernen realisiert wird, ohne dass ein Transfer auf ungeübtes Wortmaterial garantiert wird.

Ausbau des Sichtwortschatzes

Deshalb sollte mit der Fokussierung der direkten Erkennung häufig vorkommender Graphemfolgen („Signalgruppen") eine zweite Säule in die Förderung integriert werden. Diese Methode verspricht ein hohes Ausmaß an Generalisierungslernen, da die automatisierte Verarbeitung von Signalgruppen die direkte Worterkennung einer Vielzahl von Wörtern lenken kann. Sind die Kinder z. B. in der Lage, die Graphemfolge <ock> ganzheitlich zu verarbeiten, können auch Wörter wie „Rock", „Socke", „Flocken", „Glocke", „Locke" etc. auf direktem Weg benannt werden.

ganzheitliche Verarbeitung von Signalgruppen

Im Folgenden werden zwei Ansätze der Förderung der direkten Worterkennung vorgestellt. Zum einen werden Vorschläge gemacht, wie der Sichtwortschatz der Kinder kontinuierlich ausgebaut werden kann, zum anderen wird die methodische Umsetzung der Arbeit mit sinnfreien Graphemfolgen erläutert.

Um Missverständnissen vorzubeugen: Der Erstleseunterricht darf sich natürlich nicht auf das Lesen einzelner Wörter reduzieren. Die Fokussierung der kontextfreien Worterkennung stellt *einen*, allerdings einen bedeutenden Aspekt der Automatisierung des Leseprozesses dar. Selbstverständlich muss diese Förderung durch das sinnentnehmende Lesen altersgemäßer, motivierender Geschichten ergänzt werden (Kap. 5.5).

Ausbau des Sichtwortschatzes: Um den Sichtwortschatz kontinuierlich zu vergrößern, wählt die Lehrkraft etwa 20 Wörter aus, mit denen die Kinder möglichst hochfrequent konfrontiert werden.

Ausgearbeitete Fördereinheiten mit Spiel- und Übungsvorschlägen sowie Kopiervorlagen, die hier nur exemplarisch dargestellt werden, finden sich bei Mayer (2009a).

methodische Schritte

Zu Beginn jeder Fördereinheit müssen die Kinder den Trainingswortschatz zunächst kennen lernen, bevor in einem nächsten Schritt Übungen zur phonologischen Rekodierung, Phonemanalyse und -synthese durchgeführt werden. Im Mittelpunkt stehen schließlich Übungen zur hochfrequenten Konfrontation mit dem Wortschatz, damit orthographische Repräsentationen abstrahiert werden können, die den Kindern die direkte Worterkennung ermöglichen.

Kennenlernen des Wortschatzes

Den Wortschatz lernen die Kinder kennen, indem die Lehrkraft die Wörter langsam gedehnt („Schneckensprache") oder lautierend („Robotersprache") artikuliert. Alternativ werden die Wörter mit Handzeichen ohne Artikulation vorgelesen. Erraten die Kinder die Wörter, werden die Wort- und Bildkarten an die Tafel gehängt. Im nächsten Schritt wird der Wortschatz in semantischer Hinsicht gesichert, um den Abruf zu automatisieren. Dazu sollte neben der Vermittlung semantischen Wissens (Aussehen, Funktionsweise, sensorische Merkmale etc.) auch der intensiven phonologischen Elaboration (Silbenklatschen, Schneckensprache, Chorsprechen) genügend Beachtung geschenkt werden (Glück 2003). Nun bekommen die Kinder die Möglichkeit, die Wörter ein erstes Mal zu lesen. Dazu werden die Wortkarten mit Hilfe eines Lesepfeils sukzessive aufgedeckt und die Kinder synthetisieren das Wort. Anschließend folgt ein Ratespiel, bei dem die Orthographie der Wörter fokussiert wird. Die Lehrkraft gibt das erste Rätsel vor: „Mein Wort hat sechs Buchstaben und ganz vorne ist ein <A>." Danach stellen sich die Kinder gegenseitig Fragen. Dieses Spiel verfolgt das Ziel, dass die Kinder die Wörter immer wieder neu rekodieren.

Analyse- und Syntheseübungen

Da sich die automatisierte Worterkennung durch häufiges phonologisches Rekodieren desselben Wortmaterials ausbildet, werden nun Übungen durchgeführt, bei denen die Wörter segmentiert bzw. synthetisiert werden müssen.

- **Wörterpuzzle:** Die Wortkarten werden in zwei Teile zerschnitten und an zwei Kinder verteilt. Ein Kind legt einen Wortteil auf, der Partner ergänzt den fehlenden Teil.
- **„Silben sammeln":** Die zerschnittenen Karten werden auf einen Stapel gelegt. Die Kinder ziehen abwechselnd Karten und legen diese vor sich ab. Ziel ist es, aus den gezogenen Kärtchen Wörter des Zielwortschatzes zusammenzubauen.
- **Buchstabensalat** und Arbeit mit **Fotodosen** (Kap. 5.3)
- **Richtig oder falsch?** Die Lehrkraft zeigt den Kindern ein Bild aus dem Zielwortschatz und stellt das Wort mit Handzeichen dar. Die Kinder „lesen" mit und entscheiden, ob die Demonstration richtig oder falsch war.
- **Welches Wort stimmt genau?** (Abb. 33) Wenn die Kinder aus vier ähnlichen Alternativen das richtige Wort auswählen sollen, können sie das

Name		Klasse		Datum	
Welches Wort ist richtig? – Lies genau und male an					
 🍇	Wientruaben	Wentraben	Weintrauben	Wntrbene
 🍊	Mndrine	Mandarine	Mandreine	Mundurien
 🥔	Kratfoel	Kartifol	Karpotel	Kartoffel
 🥕	Karotte	Kroatte	Katrote	Kttroate
 🎃	Krübsi	Krübis	Kürbis	Kbisrü
 🍈	Melone	Molene	Meleno	Molone
 🫑	Papirak	Paripak	Papirik	Paprika
	Pflaume	Pfaume	Pfluame	Pluame
 🥝	Kwik	Kiki	Kiwi	Kiri
 🧅	Zweibel	Zwiebel	Zibwel	Zwidel
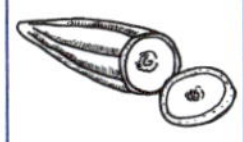 🥒	Gruke	Kurte	Geruk	Gurke
 🍎	Apl	Apel	Apfel	Afil
 🍒	Kirsche	Krische	Krishe	Kihcse
 🍌	Banina	Binana	Bonona	Banane

Abb. 33: Welches Wort stimmt genau? (Mayer 2009a, 155)

Start	🥕	🍊	Ziel
Erdbeere	Apfel	Karotte	Kartoffel
🍑	Banane	🍌	Kirsche
Zwiebel	Pflaume	Paprika	🍇
🍈	🍓	Gurke	🥝
🥕	🧅	🥔	Kiwi
Kürbis	🎃	Weintrauben	🫑
Melone	Mandarine	🫐	🍒

Abb. 34: Vor und zurück (Mayer 2009a, 158)

Wort nicht aufgrund der ersten Buchstaben erraten. Die Kinder sind gezwungen, die Wörter vollständig zu rekodieren, um zur Lösung zu gelangen.

- **Buchstaben verbinden:** Die Lehrkraft schreibt die Buchstaben einzelner Wörter in willkürlicher Reihenfolge an die Tafel. Die Kinder sollen diese in der richtigen Reihenfolge verbinden. Dieselbe Übung kann auch als Arbeitsblatt vorbereitet werden.

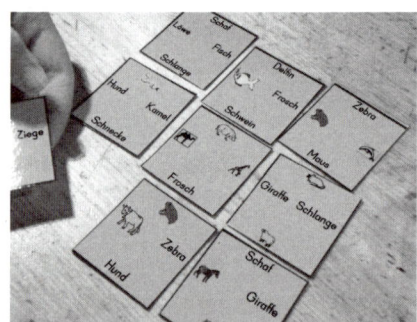

Abb. 35: Knobeltangram

hochfrequente Konfrontation mit dem Zielwortschatz

- **„Finde mich":** Die Kinder haben ein Wort oder ein Bild des Zielwortschatzes umhängen und bewegen sich zu Musik im Zimmer; bei Musikstopp muss das „Bild" sein „Wort" finden.

- **„Begrüßung":** Allen Kindern wird eine Wortkarte des Zielwortschatzes umgehängt. Die Kinder spazieren durch das Klassenzimmer und begrüßen sich mit dem umgehängten Wort.
- **Vor und zurück** (Abb. 34): Bei diesem Würfelspiel wird abwechselnd gewürfelt und in Pfeilrichtung gezogen. Landet das Kind auf einem Bild, muss es sofort zu dem passenden Wort vor- oder zurückziehen, landet es auf einem Wort, muss es auf das entsprechende Bild ziehen. Sieger ist, wer als Erstes genau auf dem Zielfeld landet.
- **Knobeltangram** (Abb. 35): Das Kind hat die Aufgabe, die Karten so aneinanderzulegen, dass Wörter und Bilder an allen Kanten übereinstimmen.
- **„Wörter schnappen":** Kleine Wortkärtchen werden offen auf dem Tisch ausgelegt. Der Spielleiter erhält Bildkarten und deckt eine auf. Die Kinder versuchen möglichst schnell das entsprechende Wortkärtchen zu schnappen.
- **„Wörter abklatschen":** Die Lehrkraft hängt den Zielwortschatz an die Tafel. Anschließend nennt sie eine Folge von zwei bis fünf Wörtern, die ein Kind in der entsprechenden Reihenfolge „abklatschen" muss.

Förderung auf sublexikalischer Ebene: Diese Methode basiert auf der Hypothese von Bowers et al. (1994) zu den Zusammenhängen zwischen einem „naming-speed-deficit" und der beeinträchtigten Worterkennung (Kapitel 3.4). Da die einzelnen Buchstaben eines Wortes in zu großer zeitlicher Distanz verarbeitet werden, gelingt es den Kindern nicht, orthographische Repräsentationen häufig vorkommender Graphemfolgen zu abstrahieren, weshalb sie weiterhin auf die Anwendung der indirekten Lesestrategie angewiesen sind.

Aus diesem Grund ist es sinnvoll, die Ausbildung der automatisierten Worterkennung anzubahnen, indem die Kinder hochfrequent mit den häufigsten Graphemfolgen der deutschen Orthographie konfrontiert werden, da diese die direkte Worterkennung einer Vielzahl unterschiedlicher Wörter lenken können.

Arbeit mit sinnfreien Graphemfolgen

Ausgearbeitete Fördereinheiten mit Spiel- und Übungsvorschlägen sowie Kopiervorlagen für 30 Graphemfolgen, die hier nur exemplarisch vorgestellt werden, finden sich bei Mayer (2009a).

Pro Einheit werden drei Graphemfolgen (z. B. <echt>, <eich>, <ort>) gleichzeitig trainiert. Zunächst werden die Signalgruppen isoliert präsentiert und durch unterschiedliche Farben optisch hervorgehoben. Die Farben für die Graphemfolgen werden durchgängig beibehalten, damit sie eine möglichst hohe Signalwirkung erhalten. Die Kinder erlesen die fokussierten Graphemfolgen und führen Übungen zur immer schnelleren Erfassung durch. Im zweiten Teil werden die Kinder mit Trainingswörtern aus den jeweiligen Graphemfolgen konfrontiert. Auch hier liegt der Schwerpunkt auf einer hochfre-

Drei Signalgruppen pro Einheit

quenten Verarbeitung. Dabei findet eine sukzessive Reduzierung der Hervorhebung der Graphemfolgen statt. Während die „Signalgruppen" zu Beginn optisch verdeutlicht und die Übungswörter stets gemeinsam präsentiert werden, werden die Wörter in einem nächsten Schritt nur einfarbig präsentiert und auch die Gruppierung nach Signalgruppen wird aufgegeben. Im Folgenden werden Spiele und Übungen vorgestellt, mit Hilfe derer die genannten Ziele methodisch realisiert werden können.

Übungen zur automatisierten Erkennung der Signalgruppen

Der erste Teil jeder Fördereinheit nimmt nur wenig Zeit in Anspruch. Auch leseschwachen Kindern gelingt es üblicherweise schnell, die drei bis vier Buchstaben umfassenden Signalgruppen ganzheitlich zu erfassen.

- **„Signalgruppen erkennen"**: Die Kinder erlesen die farbigen Signalgruppen auf großen Wortkarten und versuchen diese immer schneller zu benennen. Die Signalgruppen werden an die Tafel gehängt und die Kinder versuchen mit Hilfe zusätzlicher Buchstabenkarten Wörter zu bilden.
- **„Signalgruppenwürfel"**: Die Kinder erhalten jeweils zu zweit einen mit Signalgruppen beklebten Würfel, würfeln abwechselnd und benennen die Signalgruppe.
- **„Signalgruppen einkreisen"** (Abb. 36): Die Kinder kreisen die Signalgruppen auf einem Arbeitsblatt in vorgegebenen Farben ein.

Name						Klasse			Datum	
Kreise alle „-acht" rot ein! • Kreise alle „-ind" grün ein! • Kreise alle „-aub" blau ein!											
ind		acht		ind		ind		aub		acht	aub
	ind		aub		acht		aub		ind	acht	acht
		ind		aub		ind		acht		ind	aub
acht			ind		aub		ind	aub		acht	aub
	ind			ind		aub		ind		acht	ind
acht					ind	ind		aub		ind	acht
aub	acht			aub			acht	ind		acht	aub
ind		acht				aub		ind		acht	ind

Abb. 36: Signalgruppen einkreisen (Mayer 2009a, 235)

- **„Signalgruppen hören":** Die Kinder schreiben die drei Signalgruppen auf kleine Zettel. Die Lehrkraft nennt die Signalgruppen, die Kinder halten das richtige Kärtchen hoch. Alternativ nennt die Lehrkraft Wörter, in denen eine der fokussierten Signalgruppen enthalten ist. Die Kinder versuchen die Signalgruppe zu identifizieren und halten das entsprechende Kärtchen hoch.

Übungen mit den Trainingswörtern

Die Trainingswörter werden mit optisch hervorgehobenen „Signalgruppen" an die Tafel gehängt. Nach einem ersten Erlesen folgen unterschiedliche Spiele mit dem Ziel, die Wörter möglichst häufig zu erlesen.

- **„Ratespiel":** (vgl. Ausbau des Sichtwortschatzes)
- **„Erlesen in gruppierter Anordnung":** Die Kinder erhalten Kärtchen, auf denen die Trainingswörter in gruppierter Anordnung mit optischer Hervorhebung der „Signalgruppen" gedruckt sind (Abb. 37). Hier ist die Kreativität der Lehrkraft gefordert, damit die Kinder möglichst häufig motiviert werden, die Trainingswörter zu erlesen. Es bietet sich an, diese Karten laminiert zur Verfügung zu stellen und die Kinder in Phasen des Stundenwechsels, in Vorviertelstunden, als Hausaufgabe etc. immer wieder ein Blick darauf werfen zu lassen.

acht	aub	ind
achten	Laub	Rinde
Macht	erlauben	Linde
Schachtel	Schraube	Kinder
Nacht	glauben	finden
Pracht	rauben	binden
lacht	Traube	blind
kracht	sauber	Windel

Abb. 37: Trainingswörter in gruppierter Anordnung (Mayer 2009a, CD)

- **Trainingswörter nach Signalgruppen ordnen:** Die Kinder erhalten die Trainingswörter auf kleinen Wortkarten, die in einer Tabelle den unterschiedlichen Signalgruppen zugeordnet werden. Anschließend lesen die Kinder die Wortkarten in möglichst hoher Geschwindigkeit vor.
- **Arbeitsblatt mit ungruppierten Trainingswörtern** (Abb. 38): Die Kinder kreisen in den Übungswörtern zunächst die Signalgruppen in den vereinbarten Farben ein, bevor die Wörter gelesen und anschließend nach Signalgruppen geordnet aufgeschrieben werden.

Für die folgenden Spiele werden kleine Wortkarten mit dem Zielwortschatz benötigt. Für die meisten Spiele, die für kleine Gruppen geeignet sind, wird der Wortschatz mehrmals benötigt.

- **„Kartenablage":** Die Kärtchen werden an die Kinder verteilt. Jedes Kind sollte etwa 10 Wortkarten erhalten. Ein Spielleiter würfelt mit dem „Signalgruppenwürfel" und alle Kinder dürfen ein Wort mit der ent-

Name	Klasse		Datum	
Kreise alle „-acht" rot ein! • Kreise alle „-ind" grün ein! • Kreise alle „-aub" blau ein!				
Windel	lacht	binden	erlauben	Linde
Laub	Schachtel	kracht	finden	sauber
Nacht	Rinde	Pracht	glauben	Traube
achten	Kinder	Schraube	Macht	rauben
blind				

Schreibe die Wörter geordnet auf.

acht	aub	ind

Abb. 38: Trainingswörter in ungruppierter Anordnung (Mayer 2009a, 238)

sprechenden Signalgruppe ablegen. Kann ein Kind keine Karte ablegen, muss es vom in der Mitte liegenden Stapel eine Karte ziehen. Wer zuerst keine Karten mehr hat, hat gewonnen.
- **„Karten sammeln":** Etwa 30 Wortkärtchen werden verdeckt auf den Tisch gelegt. Die Kinder würfeln mit dem „Signalgruppenwürfel" und ziehen eine Karte. Stimmen gezogenes Wort und gewürfelte Signalgruppe überein, darf das Kind die Karte behalten. Andernfalls wird es wieder zurückgelegt.
- **„Schnipp-Schnapp":** Ein Spielleiter deckt jeweils zwei Wortkarten gleichzeitig auf. Enthalten die beiden aufgedeckten Wortkarten diesel-

be Signalgruppe, rufen die Kinder „Schnipp-Schnapp". Das Kind, das als Erstes ruft, bekommt beide Wortkarten. Wird falsch gerufen, müssen zwei Wortkarten zurückgegeben werden. Das Kind, das am Ende des Spiels die meisten Wortkarten gesammelt hat, hat gewonnen.
- **„Laufspiel":** Die Klasse wird in drei Gruppen eingeteilt. Jedem Team wird eine Signalgruppe zugeordnet. Alle Wortkärtchen werden auf einem Tisch in etwa fünf Meter Abstand von den Gruppen verdeckt ausgelegt. Das Spiel wird in der Form eines Staffellaufs durchgeführt. Jeweils ein Kind jeder Gruppe darf zum Tisch laufen und ein Wort umdrehen. Beinhaltet das Wort die zugeordnete Signalgruppe, darf das Kind das Wort behalten, andernfalls wird es wieder zurückgelegt. Sieger ist die Gruppe, die als Erstes alle Wortkärtchen ihrer Signalgruppe gefunden hat oder nach einer bestimmten Zeit die meisten Wörter gesammelt hat.

5.5 Förderung des Leseverständnisses

Da in Kapitel 1.3 die zentralen Kompetenzen für das Verständnis komplexer Texte erläutert wurden, werden an dieser Stelle nur einige Aspekte zusammengefasst.

Eine wesentliche Komponente des Leseverständnisses stellt die automatisierte Worterkennung dar. Probleme mit der Worterkennung führen zwangsläufig zu einem beeinträchtigten Leseverständnis. Aus diesem Grund muss eine Förderung des Leseverständnisses stets die Entwicklung der automatisierten Worterkennung, wie sie in Kap. 5.4 skizziert wurde, beinhalten. Ein Zitat von Berninger et al. (2003, 102) verdeutlicht diese Annahme:

Bedeutung der Worterkennung

> „The rationale is that if the bottleneck in word reading is eliminated through explicit code-based instruction, then reading comprehension will develop normally."

Allerdings stellen durchschnittliche lesetechnische Fertigkeiten eine notwendige, aber keineswegs hinreichende Voraussetzung für das Leseverständnis dar. Dieses hängt zudem von den semantisch-lexikalischen und grammatikalischen Kompetenzen sowie den kognitiven Kapazitäten der Kinder ab. Strukturen, die lautsprachlich nicht verstanden werden, können in schriftsprachlicher Form ebenso wenig verarbeitet werden.

Bedeutung lautsprachlicher Fähigkeiten

Die Erweiterung des **Wortschatzes** und die Vermittlung **grammatikalischen Regelwissens** sollten zentrale Bestandteile der Förderung des Leseverständnisses darstellen.

weitere Komponenten des Leseverständnisses

In Kap. 1.3 konnte auch gezeigt werden, dass die Verarbeitung gedruckter Texte im Vergleich zu lautsprachlichen Äußerungen meist anspruchsvoller ist, da sie semantisch-lexikalisch und syntaktisch meist komplexer sind und zahlreiche nonverbale Informationsträger (Pausen, Prosodie, Gestik, Mimik) nicht zur Verfügung stehen. Deshalb kann das Leseverständnis nicht auf die Faktoren Sprachverständnis und Dekodierfähigkeit reduziert werden (Klicpera et al. 2007). Erst die aktive Auseinandersetzung mit einem Text stellt das tiefere Verständnis sicher. Der Leser muss sich im Kopf ein Bild machen, in dem die Einzelinformationen zusammengefügt und mit Vorwissen verbunden werden (Spinner 2008).

Das Erschaffen mentaler Bilder zu einem Lesetext beschreibt anschaulich und praxisorientiert Hartmann (2006).

Bedeutung des Hintergrundwissens

Der Einfluss des Hintergrundwissens ist auch kompetenten Lesern durchaus vertraut. Sachtexte zu einem unbekannten Thema können nur mit erheblichen Anstrengungen verstanden werden, auch wenn sich hinter Wortschatz und syntaktischer Struktur keine Schwierigkeiten verbergen (Thierbach 2004, 139):

> „Faraday entdeckte, dass in eine Umhüllung aus Blech oder Maschendraht kein elektrisches Feld eindringen kann. Sein Inneres bleibt ohne Ladung, auch wenn die Anordnung beliebig hoch aufgeladen wird. Denn gleichnamige Ladungen stoßen sich ab und besetzen damit nur die äußeren Ränder".

zentrale und nebensächliche Inhalte

In diesem Zusammenhang wird auch die Bedeutung der Unterscheidung zwischen zentralen und nebensächlichen Inhalten deutlich. Diese zu differenzieren gelingt oft nur, wenn zumindest eine grobe Vorstellung vom Thema des Textes vorhanden ist. Im negativen Fall besteht die Gefahr, dass zentrale Informationen unerkannt bleiben und zufällig verstandene Teile in den Vordergrund rücken.

Diese hier nur knapp skizzierten Komponenten des Textverständnisses sollen deutlich machen, dass es sich beim Lese- und Sprachverständnis zwar um ähnliche Prozesse handelt, die Probleme im Verständnis von Schriftsprache sich aber üblicherweise umfassender darstellen (Klicpera/Gasteiger-Klicpera 1995, 145):

> „Bei lesegestörten Kindern, die ja bereits beim Verständnis gesprochener Sprache Schwierigkeiten in der Beherrschung syntaktischer Strukturen zeigen, nehmen diese Schwierigkeiten beim Lesen eine noch ausgeprägtere Form an."

Aus diesem Grund muss die Förderung des Leseverständnisses zweigleisig fahren. Zum einen müssen Methoden in den Unterricht integriert werden, die die lautsprachlichen Kompetenzen erweitern. Zum anderen darf die Vermittlung spezifischer Techniken und Strategien beim Lesen von Texten nicht vernachlässigt werden.

Förderung semantisch-lexikalischer Fähigkeiten

Durchgängige Aufgabe der Lehrkraft ist es, unabhängig vom Fach, die Unterrichtsinhalte hinsichtlich semantisch-lexikalischer Schwierigkeiten zu analysieren und den Kindern die Bedeutungen zur Verfügung zu stellen. Dabei ist es völlig unzureichend, den Kindern neue Wörter einmalig anzubieten und sich darauf zu verlassen, dass Kinder diese dann bereits in ihr Lexikon integrieren. Sinnvoller ist es, die Bedeutung eines Wortes durch die prägnante Verwendung in Sätzen zu demonstrieren und die Kinder anzuregen, selbst Sätze mit den Wörtern zu produzieren. Aufgrund der massiven Wortschatzdefizite von Kindern mit Migrationshintergrund oder Spracherwerbsstörungen sollte unabhängig davon eine spezifische Wortschatzarbeit in den Unterricht integriert werden. Dabei werden folgende Ziele verfolgt:

Bedeutung spezifischer Wortschatzarbeit

- **Erweiterung des Wortschatzes**,
- **Ausdifferenzierung des semantischen Wissens** zu den jeweiligen Einträgen (je umfangreicher das Wortwissen, desto schneller kann der Eintrag im mentalen Lexikon aktiviert werden),
- **Verknüpfung der neuen Wörter** mit bereits vorhandenen Einträgen im mentalen Lexikon,
- **intensive akustische Durchgliederung der Wortform** (z.B. Silbenklatschen), um qualitativ hochwertige phonologische Repräsentationen auszubilden (je elaborierter die Wortform desto besser gelingt den Kindern der Zugriff),
- eine **hochfrequente Verwendung der neuen Wörter** in einem sinnvollen Kontext, um den automatisierten Zugriff auf die Einträge gewährleisten.

Einige Tipps zur methodischen Umsetzung finden sich bei Glück (2003).

Eine sinnvolle Methode, dies im Unterricht zu realisieren, ist die Arbeit mit themenbezogenen Wortfeldern. Ohne dies hier ausführen zu können, ist es notwendig, natürliche Kommunikationssituationen in die Wortschatzarbeit zu integrieren, die den Kindern ein differenziertes Wortwissen vermitteln und die hochfrequente Verwendung des Wortschatzes gewährleisten.

Arbeit mit themenbezogenen Wortfeldern

Da Unterricht in diesem Bereich immer nur exemplarisches Lernen realisieren kann, ist es zudem von Bedeutung, den Kindern Strategien zu vermitteln, die ihnen helfen, selbstständig mit semantisch-lexikalischen Lücken umzugehen. So können die Kinder angeleitet werden, bei einem Wort, das ihnen unbekannt ist, einen Erwachsenen zu fragen, „was man mit dem ‚Ding' macht", „wer so etwas braucht", „wer so etwas hat", „wo es das gibt" etc. Ein zentrales Ziel in diesem Zusammenhang besteht darin, den Kindern das Suchen nach neuen Wörtern bzw. das Füllen von Wortschatzlücken als eine positive Erfahrung zu vermitteln.

Förderung des Verständnisses für grammatikalische Strukturen

Um auch das Verständnis für komplexere syntaktische Strukturen anzubahnen, bieten sich unterschiedliche Methoden an. Diese finden in der Sprachdiagnostik Verwendung, um das Sprachverständnis der Kinder zu überprüfen, können aber durchaus auch im Rahmen der Förderung eingesetzt werden. Sie können laut- und schriftsprachlich realisiert werden.

Bildsuchaufgaben

Bei Bildsuchaufgaben muss das Kind z. B. zu einem vorgesprochenen Satz aus mehreren Alternativen das richtige Bild suchen (z. B. Motsch 2006; Schöler 1999).

Werden diese Übungen für den Unterricht vorbereitet, ist darauf zu achten, dass das Kind nicht durch die Fokussierung einzelner Schlüsselwörter zu einem richtigen Ergebnis kommen kann, sondern nur indem es die Grammatik des Satzes richtig dekodiert (Abb. 39). Während in der Diagnostik üblicherweise das Verständnis für unterschiedliche Strukturen überprüft wird, sollte im Unterricht darauf geachtet werden, dass jeweils eine Struktur fokussiert wird. **Komplexe Strukturen**, deren Verständnis Kinder vor größere Schwierigkeiten stellen und die deshalb besondere Beachtung verdienen, sind:

Der Frau bringt der Mann die Bohrmaschine. (Schöler 1999)

Bevor Tim und Anja zu den Pferden gehen, spielen sie mit den Hunden. (Motsch 2006, 157) Kreuze an, was zuerst passiert.

Abb. 39: „Bildauswahlaufgabe"

- Passivkonstruktionen,
- Vorzeitigkeit und Nachzeitigkeit (Nebensätze mit „bevor" und „nachdem"),

- Verständnis für Pronomen („Wenn der Hund und die Katze im Garten sind, jagt sie ihn."),
- Kasusmorphologie, insbesondere in Verbindung mit nicht-kanonischen Satzmustern („Den Jungen küsst das Mädchen."),
- Vergangenheitsformen.

Analog können von der Lehrkraft präsentierte Sätze von Kindern ausagiert werden. **Ausagieren von Sätzen**

Beispielsätze für die **Fokussierung der Vor- und Nachzeitigkeit:**

- „Du sollst auf den Tisch steigen, bevor du laut in die Hände klatschst."
- „Bevor du unter dem Tisch durchkriechst, sollst du das Licht ausmachen."
- „Stell den Stuhl hinter die Tasche, bevor du auf den Stuhl steigst."

Schließlich bietet es sich auch an, dass Kinder Äußerungen mit Gegenständen ausagieren (Abb. 40).

Beispielsätze für die Anordnung in Abb. 40 (**Fokussierung der Kasusmorphologie**):

- „Dem Jungen bringt die Frau eine Ananas."
- „Die Schildkröte schiebt der Elefant vom Tisch."
- „Den Schlüssel legt der Junge auf den Käse."

Abb. 40: Ausagieren mit realen Gegenständen

Förderung des Leseverständnisses im engeren Sinn

Auch wenn man unter Leseverständnis im engeren Sinn die aktive Auseinandersetzung mit Texten versteht, sollte man im Leseunterricht darauf achten, dass die Kinder von Anfang an zur Sinnentnahme „gezwungen" werden. Das bedeutet, dass die Förderung des Leseverständnisses bereits auf Wortebene beginnt und ihren Abschluss bei der sinnentnehmenden Verarbeitung komplexer Texte findet. **Sinnentnahme von Anfang an**

Aus diesem Grund sollten Leseübungen auf Wortebene stets so konzipiert sein, dass die Kinder parallel zur Rekodierung auch die Bedeutung aktivieren müssen.

Am einfachsten lässt sich dies durch Arbeitsblätter realisieren, auf denen Wörter mit den entsprechenden Bildern verbunden werden müssen. Etwas motivierender sind Memorys, Dominos und Lottospiele, bei denen Wörter und Bilder einander zugeordnet werden. Im Handel sind zahlreiche Spiele erhältlich, bei denen die Kinder Einzelteile mit Bildern oder Wörtern an den Kanten richtig aneinanderlegen müssen, sodass bei richtiger Lösung ein Muster entsteht. Diese Spiele können aber auch ohne großen Aufwand selbst hergestellt werden (Abb. 41).

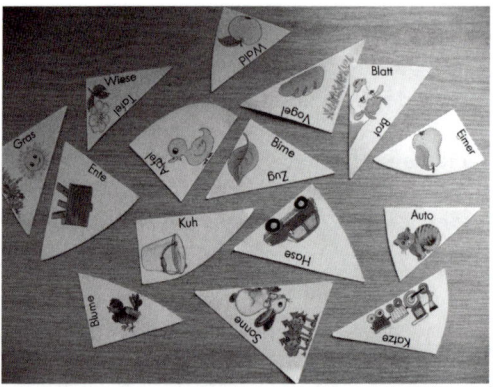

Abb. 41: „Ostereiertangram" (Herrndobler / Niedermair 1992)

Zahlreiche Ideen und Materialien für die Förderung des Leseverständnisses auf Wort-, Satz- und Textebene finden sich bei Herrndobler / Niedermair (1992).

Siehe auch: *www.bubu-verlag.de* (26.07.2009)

Weitere Vorschläge für die **Förderung des Leseverständnisses auf Wortebene:**

- **„Finde mich"** (vgl. Kap. 5.4)
- **Tiere imitieren:** Die Lehrkraft zeigt Wortkarten mit Tiernamen und die Kinder imitieren die entsprechenden Tierstimmen.
- **Gruppen bilden:** Die Kinder erhalten ein Arbeitsblatt mit Wörtern aus unterschiedlichen Wortfeldern (Tiere, Spielsachen, Obstsorten etc.). Die Kinder sollen die zusammengehörenden Wörter mit der gleichen Farbe anmalen. Motivierender wird das Spiel, wenn es mit Wortkarten nach Quartettregeln gespielt wird.
- **Handeln nach Aufträgen:** Die Lehrkraft zeigt den Kindern Wortkarten mit Handlungsanweisungen. Die Kinder führen die Aufträge unmittelbar aus („Hüpfen", „Strecken", „Hampelmann", „Radfahren", „Kniebeugen" etc.).

Förderung auf Satzebene

Auf Satzebene ist eine analoge Vorgehensweise denkbar. Den Kindern werden Sätze präsentiert, die auf ihre semantische Korrektheit, ihre Übereinstimmung mit einem Bild oder einer bestimmten Tages- oder Jahreszeit hin überprüft werden müssen. Alternativ können Sätze und passende Bilder einander zugeordnet (Domino), Satzteile miteinander verbunden (z. B. „wenn …, dann …") oder Fragen und die passenden Antworten in der gleichen Farbe angemalt werden. Tradition haben im Unterricht auch Ausmalbilder. Hier müssen Bilder nach schriftlicher Vorgabe gezeichnet oder ausgemalt werden.

Zahlreiche Ideen finden sich bei Müller (1999).

Förderung des Leseverständnisses auf Textebene

Das oberste Ziel des Leseunterrichts ist es, die Kinder zum sinnentnehmenden Lesen altersangemessener Geschichten zu befähigen. Wohlgemerkt, es handelt sich um das Ziel. Insbesondere bei Kindern mit Defiziten in der Worterkennung scheint es wenig sinnvoll, sie schon früh mit längeren Texten zu konfrontieren, da sie große Mühe haben, sich durch einen Text zu „kämpfen" und dies eher demotivierend wirken dürfte. Sinnvoller ist ein kontinuierlicher Übergang von der Satz- zur Textebene, um das Ziel sukzessive zu erreichen.

kontinuierlicher Übergang

Dazu besonders geeignet sind kleine Rätselgeschichten zu Tieren, Obst- und Gemüsesorten, Filmfiguren etc. Diese können aus einem einzelnen Satz, aber auch aus einem ganzen Absatz bestehen (Tab. 10).

Rätselgeschichten

Tab. 10: „Rätselgeschichten"

Rätselgeschichten auf Satzebene:
1) Das Obst ist rot. Das Obst kann süß oder sauer sein. In der Mitte ist ein Stein.
2) Das Tier frisst am liebsten Käse.
Längere Rätselgeschichten:
1) Ich habe eine grüne Hose und ein gelbes Hemd an. Ich wohne bei einem alten Mann. Ich bin lustig. Ich habe rote Haare. Ich bin ein Kobold.
2) Ich bin ein Tier. Ich kann sprechen. Ich habe einen langen Rüssel. Mein bester Freund heißt Otto. Ich bin lieb und helfe den Menschen.

Ein wichtiger Aspekt beim Lesen von Texten ist die Klärung lesetechnisch und semantisch-lexikalisch schwieriger Wörter. Bevor die Kinder einen Text sinnentnehmend verarbeiten, sollte eine Unterrichtsphase integriert werden, in der die schwierigen Wörter semantisch geklärt und lesetechnisch gesichert werden.

Bereitstellung des Wortmaterials

Verstehensstrategien

Um das Textverstehen und das Lernen aus Texten zu erleichtern, verwenden kompetente Leser Strategien, die das aktive Lesen fördern und deren Anwendung leseschwachen Kindern explizit vermittelt werden muss. Hartmann (2006) nennt u. a. folgende Strategien:

- **Aktivierung von Vorwissen:** Um das Verständnis eines Textes zu gewährleisten, bedarf es einer aktiven Konstruktion des Gesamtbildes. Da es sich dabei immer um die Adaption neuer an bereits bekannte Informationen handelt, sollte vor dem Lesen eines Textes stets das Hintergrundwissen der Kinder aktiviert werden.
- **Fähigkeit zum antizipatorischen Lesen:** Die Kinder sollen Vermutungen über das im Text Folgende anstellen. Um diese Fähigkeit anzubahnen, bietet sich eine Methode an, die im angloamerikanischen Raum als „cloze procedure" (Hook/Haynes 2008, 438) bezeichnet wird. Dabei lesen die Kinder einen Satz oder eine Phrase und ergänzen ein fehlendes Wort („Der Affe sitzt auf einem Baum und frisst eine B__").
- **Zusammenfassung wesentlicher Informationen:** Nach einem Textabschnitt werden die Kinder aufgefordert, sich zu überlegen, welche Informationen für sie neu und welche Inhalte für sie von besonderer Bedeutung waren. Das Formulieren von Überschriften zu einzelnen Absätzen kann das bewusste Verstehen unterstützen (Spinner 2008).
- **„Monitoring":** Hier geht es um ein selbstständiges, dauerhaftes Überwachen des eigenen Verstehens. Die Kinder müssen lernen, sich zu überlegen, ob sie die dargestellten Zusammenhänge verstanden haben, ob es notwendig ist, einen Satz noch einmal zu lesen, und ob sie alle wichtigen Wörter kennen. Durch diese Strategie wird es dem Leser schnell bewusst, wenn Unklarheiten auftreten.
- **Bildhaftes Vorstellen** (Visualisieren, „mental imagery"): Gute Leser erzeugen zum Thema eines Textes innere Bilder. Empirische Studien belegen, dass diese Technik bei kompetenten Lesern eine spontane Strategie ist, die geeignet ist, Einzelinformationen aus Texten zu einem Gesamtbild zusammenzufügen und das Gedächtnis für Textinhalte zu stützen.

Beim bildhaften Vorstellen handelt es sich um eine Strategie, die bereits im Kindergarten und in der ersten Klasse angebahnt werden kann, da sie zunächst ohne den Einsatz schriftsprachlichen Materials auskommt. Hartmann (2006) schlägt vor, die Kinder zunächst anzuleiten, mit geschlossenen Augen innere Vorstellungsbilder zuvor betrachteter realer Objekte, konkreter Begriffe und vertrauter Szenen (z. B. das eigene Kinderzimmer) entstehen zu lassen. Als Überleitung zur Anwendung dieser Strategie beim Lesen werden den Kindern Geschichten vorgelesen. Dabei werden sie aufgefordert, die Augen zu schließen und das Gehörte in innere Bilder umzusetzen, wobei die vorgelesenen Abschnitte sukzessive verlängert werden.

Bevor die Kinder beim Lesen selbstständig *innere* Bilder entstehen lassen, bietet es sich an, dass das Gelesene durch die Lehrkraft mittels realer Bilder visualisiert wird oder die Kinder beim Lesen einer Geschichte einzelnen Abschnitten passende Bilder zuordnen. Auch dabei werden die Abschnitte kontinuierlich verlängert. Dazu eignen sich u. a. Bildergeschichten. Nach der inhaltlichen Erarbeitung der Geschichte erhalten die Kinder für jedes Bild einen Satzstreifen, der gelesen und zugeordnet werden muss. In meiner eigenen schulischen Praxis haben sich die „Hosentaschenbücher" von Erwin Moser bewährt. Zum einen handelt es sich um originelle und motivierende kleine Geschichten, zum anderen wird der Text jeder Seite durch ein entsprechendes Bild visualisiert. Die kleinen Bücher können auseinandergeschnitten werden; die Kinder bekommen sowohl das Bild- als auch das Textmaterial, versuchen die Bilder in die richtige Reihenfolge zu bringen, lesen die Texte und ordnen sie anschließend dem entsprechenden Bild zu. Da die Texte in Länge und Komplexität variieren, kann der Anspruch kontinuierlich gesteigert werden.

Um die Strategien zu lernen, müssen die Kinder explizit angeleitet werden. Hartmann (2006) schlägt für die **Technik der inneren Bilder** folgende Schritte vor:

schrittweise Vermittlung der Strategie

- Die Lehrkraft vermittelt Informationen über die Strategie der Visualisierung.
- Die Lehrkraft demonstriert die Strategie, indem sie ihre Gedanken beim Visualisieren erläutert, während sie parallel einen Abschnitt der Geschichte laut vorliest.
- Die Kinder wenden die Strategie unter Anleitung der Lehrkraft an. Die Lehrkraft motiviert die Kinder durch Fragen, Rückmeldungen und Aufforderungen zum „lauten Denken" oder zur zeichnerischen Darstellung der Vorstellungsbilder.
- Nach ausreichender Übung werden die Kinder beim selbstständigen Lesen zur Anwendung der Strategie ermuntert.

Zahlreiche Beispiele zur praktischen Umsetzung finden sich bei Hartmann (2006).

Demonstration der Strategie des Visualisierens: Die Lehrkraft liest den Beginn einer Geschichte vor und demonstriert die Technik des Visualisierens. Die Erklärungen der Lehrkraft und ihr lautes Denken sind kursiv, die vorgelesenen Passagen fett gedruckt.

„Ich werde euch den Anfang einer Geschichte über einen Wüstenmann vorlesen und danach die Bilder beschreiben, die ich mir über das Gelesene in meiner Vorstellung mache."

Der Lehrer liest den Textabschnitt zuerst ganz vor. Danach liest er ihn schrittweise noch einmal vor und macht sich dazu laut Gedanken über seine bildhaften Vorstellungen während des Lesens. Sein explizites Modellieren beginnt mit der Überschrift.

Der Titel der Geschichte lautet Der Wüstenmann (hält einen Moment inne, um ein mentales Bild zu erzeugen). Ich habe ein Bild im Kopf, wie die Wüste aussehen könnte, in der die Geschichte spielt: Es ist sehr heiß. Weit und breit gibt es nur Sand und Dünen, fast keine Vegetation ist zu sehen.

Dem alten Mann war heiß und er war todmüde. Sein langes weißes Gewand flatterte im trockenen Wüstenwind. *Ich sehe einen sehr alten Mann. Er trägt ein langes weißes Gewand, das im Wind flattert.*

Er wischte sich über die Augen, als er sich mühsam eine weitere Düne hinaufzuschleppen begann. Ein endloses Meer von Sand umgab ihn. *Ich kann sehen, was den alten Mann umgibt. Kilometer um Kilometer heiße Wüste. Vielleicht wischt er sich die Augen, weil er müde ist und genug hat. […].*
(Hartmann 2006, 94)

Kriterien zur Erstellung differenzierter Lesetexte

Neben der Vermittlung von Verstehensstrategien ist es von Bedeutung, dass die Kinder Lesetexte erhalten, die an ihre (schrift-)sprachlichen Fähigkeiten angepasst sind. Aufgrund der heterogenen schriftsprachlichen Kompetenzen der Kinder in Grund- und Förderschulen dürfte es in den seltensten Fällen möglich sein, die ganze Klasse mit demselben Text zu konfrontieren. Es besteht die Notwendigkeit, differenzierte Texte zu erstellen.

Folgende **Vereinfachungskriterien** sind geeignet, das Leseverständnis zu stützen:

- Leseschwache Kinder bekommen kürzere Texte in größerer Schrift als gute Leser.
- Das Erlesen mehrsilbiger Wörter kann durch Silbenbögen, Bögen unter mehrgliedrigen Graphemen (<sch>, <ie>) oder durch eine Leertaste zwischen einzelnen Silben (Abb. 32) erleichtert werden.

- Lesetechnisch schwierige Wörter können durch Bilder ersetzt werden.
- Seltene, unvertraute Wörter, die für den Inhalt der Geschichte nicht von unmittelbarer Bedeutung sind, können durch einfachere Wörter ersetzt werden.   *semantisch-lexikalische Vereinfachung*
- Den Schwierigkeiten sprachlich beeinträchtigter Kinder mit der Verarbeitung unregelmäßiger Vergangenheitsformen kann durch Texte im Präsens effektiv begegnet werden.   *grammatikalische Vereinfachung*
- Aufgrund der Schwierigkeiten, Kohäsionen korrekt zu dekodieren, sollten Pronomen nur spärlich verwendet und durch die entsprechenden Nomen ersetzt werden.
- Komplexe hypotaktische Satzgefüge sollten zugunsten parataktischer Satzreihen aufgelöst werden.
- Die Verwendung direkter Rede statt indirekter macht Geschichten lebendiger und erleichtert das Verständnis.
- Passive Satzkonstruktionen sollten insbesondere dann durch aktive ersetzt werden, wenn das Verständnis nicht aufgrund des Weltwissens gesichert ist („Die Blumen werden von Susi gegossen." vs. „Der Junge wird von Susi geküsst.").

Werden Geschichten nach diesen Kriterien vereinfacht, verlieren sie für erwachsene Leser bisweilen an stilistischer Qualität, sollten aber im Sinne der Stützung des Leseverständnisses dennoch nicht vernachlässigt werden.

5.6 Förderung des orthographisch korrekten Schreibens

Die Fähigkeit, Wörter orthographisch korrekt zu schreiben, spielt eine bedeutende Rolle, wenn es bei einem Kind um eine Schullaufbahnentscheidung geht oder die Versetzung in die nächste Jahrgangsstufe gefährdet ist. Aufgrund der zunehmenden Bedeutung der Schrift im privaten und beruflichen Alltag werden diese Kompetenzen immer wichtiger.   *Bedeutung*

Aufgrund der größeren Komplexität und Uneindeutigkeit der Phonem-Graphem- im Vergleich zur Graphem-Phonem-Korrespondenz erstreckt sich der Lernprozess im Bereich der Rechtschreibung meist über einen längeren Zeitraum als das Lesenlernen. So haben die wenigsten Kinder Probleme mit der korrekten Rekodierung der unterschiedlichen Schreibweisen des [a:] in den Wörtern „Mahl", „Tal", „Haar", während umgekehrt nicht einsichtig ist, wie der Laut [a:] in [sa:l], [ʃa:l] oder [va:l] orthographisch korrekt wiedergegeben werden muss. Lese-rechtschreib-schwache Kinder lassen sich häufig bis ins Jugend- und Erwachsenenalter durch Defizite in der Orthographie charakterisieren, während beim Lesen doch meistens eine gewisse Geläufigkeit erreicht wird.   *Phonem-Graphem-Zuordnung in der deutschen Orthographie*

Nachschriften Bis in die 1990er Jahre wurde der Rechtschreibunterricht primär in Form von Nachschriften zu realisieren versucht. Zu Beginn der Woche wurde eine kurze, meist wenig ansprechende Geschichte präsentiert, deren „Lernwörter" über die Woche verteilt geübt wurden, bevor die Geschichte am Ende der Woche diktiert wurde. So sollte der im Lehrplan verbindlich vorgesehene Grundwortschatz erarbeitet und im Langzeitgedächtnis der Kinder verankert werden.

Kritik Im Vordergrund der Kritik an dieser Methode standen die mangelnde Kindgemäßheit und die fehlende linguistische Fundierung der Texte, das nur marginal vermittelte Regelbewusstsein sowie der eingeschränkte Transfer des Gelernten. So handelte es sich bei der Abspeicherung der Lernwörter um ein itemspezifisches Auswendiglernen, ohne dass die dahinterstehende Regel bewusst gemacht wurde und ohne dass gemeinsam mit der Lehrkraft über rechtschriftliche Strukturen und Besonderheiten nachgedacht wurde. Die fehlende Orientierung der Geschichten an orthographischen Besonderheiten führte dazu, dass sich die Kinder bei einer Nachschrift mit ganz unterschiedlichen Rechtschreibregeln konfrontiert sahen. Um die Lernwörter orthographisch korrekt wiederzugeben, mussten die Kinder in einer Geschichte unter Umständen das Problem der Auslautverhärtung, der Doppelkonsonanz nach kurzem Vokal und der Dehnungsproblematik berücksichtigen.

Die Kritik an Nachschriften führte zur Entwicklung alternativer Methoden für den Rechtschreibunterricht.

Erlernen des alphabetischen Prinzips

Bevor die Kinder mit den Besonderheiten der Orthographie konfrontiert werden, sollten sie mit dem alphabetischen Prinzip der Schriftsprache vertraut werden (vgl. Kap. 2). Das Kind muss lernen, ein Wort in seine lautlichen Bestandteile zu zerlegen, den Lauten die entsprechenden Buchstaben zuzuordnen und diese sukzessive aufzuschreiben. Da sich die Phonemanalyse und der Erwerb des alphabetischen Prinzips wechselseitig beeinflussen, sollte die Fähigkeit des lautgetreuen Aufschreibens parallel zur Förderung der phonologischen Bewusstheit vermittelt werden (Kap. 5.1). Wenn den Kindern parallel zur Phonemanalyse die PGK vermittelt werden, kann die Arbeit mit den Steinen (Abb. 19) bald durch Buchstabenkärtchen abgelöst werden und die Kinder beginnen, die ersten Wörter zu schreiben bzw. zu legen. Für Kinder mit Problemen bei der akustischen Durchgliederung von Wörtern können die einzelnen Laute des Schreibwortes mit Hilfe von Handzeichen visualisiert werden (Kap. 5.2).

Um die Aufmerksamkeit der Kinder auf die Lautstruktur und die Umkodierung in Buchstaben zu lenken, kann es sinnvoll sein, die Kinder sinnfreie Konsonant-Vokal- und Vokal-Konsonant-Verbindungen (la, le, li, lu …) analysieren und aufschreiben zu lassen.

sinnfreie KV- und VK-Folgen

Zudem ist ganz besonders auf eine linguistisch orientierte Auswahl des Wortmaterials zu achten. Die in Tab. 8 genannten Silbenstrukturen und der dazugehörige exemplarische Wortschatz können auch als erste Schreibwörter fungieren, wobei entweder ausschließlich mit den lautgetreuen Wörtern gearbeitet wird oder von den Kindern keine orthographisch korrekte Wiedergabe erwartet wird.

linguistisch orientierte Wortauswahl

Um die Kinder zu Beginn dieser Phase schreibmotorisch zu entlasten, bietet es sich an, die ersten Wörter legen zu lassen. Hier können Methoden eingesetzt werden, die bereits in Kap. 5.3 beschrieben wurden (Fotodosen, Buchstabenfächer). Diese Übungen entlasten die Kinder auch in kognitiver Hinsicht, da die benötigten Buchstaben bereits vorgegeben sind.

Wörter legen

Wie die Ausführungen in Kap. 2 gezeigt haben, erlernen die Kinder die alphabetische Strategie nicht nach einem „Alles-oder-nichts-Prinzip". Aus diesem Grund ist es notwendig, **motivierende Schreibanlässe** zu schaffen, mit deren Hilfe diese Strategie eingeübt und perfektioniert werden kann.

zahlreiche Schreibanlässe

- Die Kinder schreiben zentrale Begriffe aus dem Sachunterricht auf (z.B. ein Obst- und Gemüsebuch erstellen).
- Die Kinder beschriften „Wimmelbilder" (z.B. Ali Mitgutsch).
- Zu einer erzählten Geschichte können die Kinder Bilder malen und diese beschriften (Forster/Martschinke 2001).
- Die Kinder schreiben ihre „Lieblingswörter".
- **Akrostichon:** Dabei handelt es sich um ein Schreibspiel bzw. Gedicht, bei dem die Buchstaben eines Wortes senkrecht untereinander geschrieben werden. Jeder dieser Buchstaben bildet dann den Anfang eines neuen Wortes. Dabei beinhaltet das vorgegebene Wort das Thema des Gedichtes. Die neuen Wörter müssen zum Thema passen (Abb. 42).
- „Was-ich-gerne-mag-ABC", „Was-ich-nicht-gerne-mag-ABC": Die Kinder haben die Aufgabe, zu jedem Buchstaben des Alphabets etwas zu finden, das sie (nicht) mögen und das entsprechende Wort aufzuschreiben. Es versteht sich von selbst, dass so seltene Buchstaben wie das ‹qu›, ‹x›, ‹y› etc. ausgelassen werden können.
- Die Kinder füllen ein Kreuzworträtsel mit lautgetreuen Wörtern aus (Abb. 43).
- Die Lehrkraft zeigt den Kindern zahlreiche Gegenstände. Bevor diese zugedeckt werden, versuchen sich die Kinder möglichst viele davon einzuprägen und anschließend aufzuschreiben. Welches Kind hat sich die meisten Wörter gemerkt?
- Die Lehrkraft gebärdet verschiedene Wörter mit Handzeichen. Die Kinder „erlesen" die Wörter und schreiben sie auf.

124 Förderung

Orangen
Birnen
Süß
Trauben

Abb. 42: Akrostichon

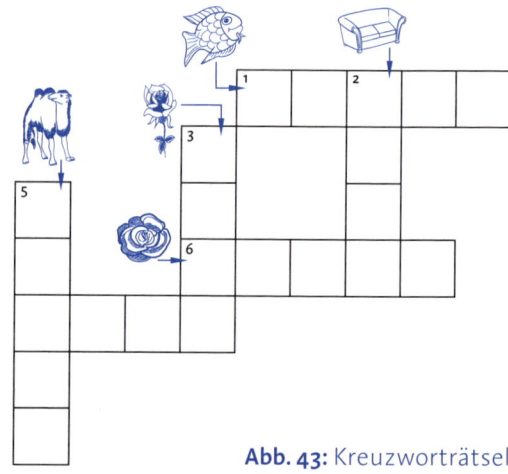

Abb. 43: Kreuzworträtsel

Frage der Korrektur

Was die Korrektur angeht, bietet es sich an, auf dieser Entwicklungsstufe nur die Wörter zu verbessern, die nicht lautgetreu verschriftet wurden (Beispiel: „Rse" statt „Rose"). Die Konfrontation mit orthographischen Besonderheiten könnte in der Phase, wenn die Kinder das lautgetreue Schreiben als Grundstrategie erlernen, insbesondere bei lese-rechtschreib-schwachen Kindern eher zu Verwirrung führen.

zeitliche Begrenzung auf das erste Schuljahr

Klicpera et al. (2007) betonen, dass es keine empirische Evidenz dafür gibt, dass es Kindern durch die anfängliche Akzeptanz lautgetreuer Schreibweisen schwerfallen würde, später orthographisch korrekte Schreibweisen abzuspeichern. Allerdings sollte die Anwendung dieser Strategie zeitlich nicht allzu sehr ausgedehnt und nach Möglichkeit auf die erste Jahrgangsstufe begrenzt werden.

Notwendigkeit eines Regeltrainings

Um den Kindern die Besonderheiten der Orthographie zu vermitteln, die ja gerade deshalb so komplex ist, weil das lautgetreue Schreiben oft nicht zum Ziel führt, sind diese Maßnahmen nicht geeignet. Ab der zweiten Klasse, wenn die Kinder die PGK und das lautgetreue Aufschreiben beherrschen, muss ein Training einsetzen, das die Regeln der Rechtschreibung explizit und systematisch vermittelt.

Regellernen

Mitsprechwörter, Nachdenkwörter, Merkwörter

Eine Alternative zum Rechtschreibunterricht mittels Nachschriften stellt die Erarbeitung der wichtigsten Regeln der deutschen Orthographie dar.

In zahlreichen Schülerarbeitsheften (z. B. Steinleitner 2001) und Trainingsprogrammen (z. B. Dummer-Smoch / Hackethal 2002) findet sich die Differenzierung in Mitsprech-, Nachdenk- und Merkwörter. **Mitsprechwörter** sind Wörter, die lautgetreu geschrieben werden, die Schreibweise von **Nachdenkwörtern** kann durch die Anwendung einer Rechtschreibregel hergeleitet werden ([iː] wird als <ie> geschrieben), **Merkwörter** sind Wörter, deren Schreibweise auswendig gelernt werden muss. Auch wenn diese Differenzierung stimmig und nachvollziehbar erscheint, konnte m. E. bislang nicht zufrieden stellend erklärt werden, wie die Kinder zu der Erkenntnis gelangen, bei welchen Wörtern es sich um welche Wortart handelt. Auch wenn die Kinder hier einen exemplarischen, orthographisch gesicherten Wortschatz erwerben können, erscheint eine Generalisierung auf andere Wörter mit derselben orthographischen Besonderheit durch diese Vorgehensweise nicht garantiert. Es muss m. E. auch die Frage gestellt werden, ob diese Methode das Gedächtnis und die kognitiven Kapazitäten nicht über Gebühr belastet.

Eine mögliche Strategie bei der **Lösung eines Schreibproblems** soll dies illustrieren. Ein Kind versucht, das Wort „Tiger" aufzuschreiben. Es stellt sich die Frage: Handelt es sich um ein Mitsprech-, ein Nachdenk- oder ein Merkwort? Das Kind hat sich vielleicht eingeprägt, dass es sich um ein Merkwort handelt. In einem nächsten Schritt muss es sich überlegen, wo sich die orthographische Merkstelle befindet. Ist es das [iː] oder das [ɐ] am Wortende? Es ist das [iː]. Wie wird diese Merkstelle abgebildet? Durch <ih>, durch <ii> durch <i> oder gar durch <ieh>? Wäre es nicht ökonomischer, dem Kind zu vermitteln: „Tiger schreibt man mit <i>"?

Eine m. E. effektivere Möglichkeit, den Kindern ein Rechtschreibbewusstsein in Kombination mit möglichst schreibintensiven Übungsformen zu vermitteln, ist die sukzessive Behandlung der wichtigsten Rechtschreibregeln. Diese Methode wird häufig in Kombination mit der Differenzierung in Mitsprech-, Nachdenk- und Merkwörtern eingesetzt (Steinleitner 2001). Auch wenn für die meisten Rechtschreibregeln zahlreiche Ausnahmen zu finden sind, ist deren Anwendung in den meisten Fällen erfolgversprechend. Von einer „Regellosigkeit" zu sprechen (Kleinmann 2004, 5) und auf die Ausnahmen der Regel „nach langem Vokal Dehnungs-h" hinzuweisen, ist nicht nachvollziehbar, da diese Regel in keinen Richtlinien erscheint und auch den Kindern nicht vermittelt werden sollte. Zu den **wichtigsten und zuverlässigsten Regeln** gehören:

sukzessive Behandlung der wichtigsten Rechtschreibregeln

- Ich höre am Wortende ein [ɐ] und schreibe <er>.
- Ich höre [ʃp] oder [ʃt] und schreibe <sp> bzw. <st>.

- Ich höre [iː] und schreibe ‹ie›.
- Ich schreibe ‹ä› bzw. ‹äu›, wenn ich ein verwandtes Wort mit ‹a› oder ‹au› finde.
- Nach einem kurzen Vokal folgen zwei Konsonanten, höre ich nur einen Konsonanten, wird dieser verdoppelt.
- Ich höre ein [p], [t] oder [k] am Wortende. Die tatsächliche Schreibweise ermittle ich durch Verlängerung des Wortes.

Diese Regeln können den Kindern in den ersten zwei bis drei Schuljahren vermittelt werden. Dabei sind einige **methodische Aspekte** zu berücksichtigen:

- Die Kinder sollten in der Anwendung des lautgetreuen Schreibens Sicherheit gewonnen haben.
- Die Kinder müssen über die Begriffe „Vokal" (Selbstlaut) und „Konsonant" (Mitlaut) sicher verfügen. Es bietet sich an, diese von den Kindern mit unterschiedlichen Farben markieren zu lassen.
- Die Unterscheidung von kurzen und langen Lauten sollte zunächst auf Laut- und Silbenebene eingeübt werden, bevor die Kinder sie in Wörtern identifizieren sollen. So dient ein rollender Ball in Verbindung mit der Lautartikulation als Symbol für einen langen Laut, während ein springender Ball als Symbol für einen kurzen Laut fungiert. Zum selben Zweck können Musikinstrumente (lange und kurze Töne) eingesetzt werden.
- Die Suche nach dem Wortstamm, nach verwandten Wörtern sowie das Verlängern von Wörtern muss explizit eingeübt werden. Dazu bietet es sich an, die Bildung von Wortfamilien als Unterrichtsprinzip im Fach Deutsch zu integrieren.

Wortlistentraining Methodisch ist ein Wortlistentraining denkbar, bei dem eine explizit bewusst gemachte Regel an einem exemplarischen Wortschatz isoliert ohne Kontext anzuwenden gelernt wird. Die Verwendung von Texten bringt keine Vorteile, was das Einprägen der Schreibweise eines Wortes angeht. Allerdings ist es zu einem späteren Zeitpunkt sinnvoll, die neuen Wörter auch auf Textebene einzuüben (Klicpera / Gasteiger-Klicpera 1995).

Folgende Vorgehensweise hat sich in meiner eigenen schulischen Praxis bewährt. Die Kinder werden **in den ersten drei Schuljahren zweimal mit derselben Regel** konfrontiert. Beim ersten Mal (Anfang der zweiten Klasse) werden die Regeln erarbeitet und ausschließlich anhand eines Wortschatzes eingeübt, auf den diese Regel zutrifft (z. B. nur Wörter mit ‹ie›). Diese Wörter sollten keine orthographischen Besonderheiten beinhalten, die bislang noch nicht erarbeitet wurden. ▼

Ende der zweiten/Anfang der dritten Klasse wird die Regel erneut fokussiert. Der Unterschied besteht darin, dass der Übungswortschatz nun so zusammengestellt wird, dass die Kinder nur durch die explizite Anwendung der Regel auf die orthographisch korrekte Schreibweise kommen (z. B. Wörter mit <i> und <ie> bzw. <eu> und <äu>). Die Kinder sollen die Rechtschreibregel verbalisieren und die Schreibweise der Wörter erklären können. „Ich schreibe List mit <i>, weil das [i] kurz ist." „Ich schreibe Käufer mit <äu>, weil es ein verwandtes Wort mit <au> gibt: kaufen."

Die Bewusstmachung einer Regel ist natürlich nicht ausreichend dafür, dass die Kinder Sicherheit in der Rechtschreibung gewinnen. Um Schreibweisen zu automatisieren, ist es notwendig, die Regel an einem exemplarischen Wortschatz mit zahlreichen motivierenden und schreibintensiven Aufgaben einzuüben. Die Kinder sollen sich die Orthographie des Wortschatzes immer auch schreibmotorisch einprägen, weshalb Methoden, bei denen die Kinder nur einzelne Buchstaben einsetzen, nur sporadisch zum Einsatz kommen sollten.

schreibintensive Übungsformen

Im Folgenden werden Übungen und Spiele beschrieben, die letztendlich alle dasselbe Ziel verfolgen: die Kinder sollen motiviert werden, den **Übungswortschatz** möglichst häufig aufzuschreiben. Sie wurden so ausgewählt, dass sie keine zusätzlichen Anforderungen an die Kinder stellen und einen möglichst hohen Schreibumsatz gewährleisten.

- **Laufdiktat:** Der Übungswortschatz liegt an einer vereinbarten Stelle bereit. Die Kinder laufen dorthin, ziehen eine Karte, prägen sich die Schreibweise ein und schreiben das Wort an ihrem Platz auf.
- Die Kinder bekommen den Wortschatz auf Karteikarten und arbeiten nach dem **Prinzip des rechtschreibgerichteten Abschreibens**. Die Vorgehensweise wird durch Symbolkarten (Abb. 44) visualisiert: „Ich lese das Wort durch, ich spreche es langsam und gedehnt, ich lautiere das Wort, ich schreibe es mit dem Finger auf die Bank, ich drehe die Karte um und schreibe das Wort auswendig ins Heft, ich kontrolliere das Wort Buchstabe für Buchstabe."
- **Partnerdiktat:** Ein Kind diktiert dem Partner ein Wort. Dieser begründet die Schreibweise durch Verbalisierung der entsprechenden Regel und schreibt das Wort auf. Der Partner ruft „Stopp" oder tippt dem Schreiber sachte auf die Schulter, wenn er einen Fehler bemerkt.
- **Geheimschrift, Spiegelschrift etc.** (Abb. 45): Die Kinder bekommen eine laminierte Tafel, auf der die Übungswörter in Geheimschriften präsentiert sind. Die Kinder müssen diese Schrift dekodieren und die Wörter richtig aufschreiben.
- **Buchstabensalat und Fotodosen** (Kap. 5.3)
- **Blitzerkennung** mit dem Tageslichtprojektor: Die Lehrkraft schreibt den Übungswortschatz auf Folie und lässt einzelne Wörter kurz „aufblitzen", die sofort aufgeschrieben werden müssen. Der Schwierigkeitsgrad steigt mit der Anzahl der „aufblitzenden" Wörter.

- **Würfelspiel** (Abb. 46): Die Kinder spielen in Partnerarbeit. Ein Kind würfelt und lässt sich vom Partner die neben dem entsprechenden Würfel abgebildeten Wörter diktieren. Der Partner kontrolliert die Schreibweise.
- **„Wörterwettrennen"** (Abb. 47): Jedes Kind wählt sechs Wörter aus, die es unmittelbar neben die Würfelbilder schreibt. Nun wird gewürfelt. Das entsprechende Wort darf einen Platz vorrücken. Dies geschieht, indem das Wort in der nächsten Spalte aufgeschrieben wird. „Sieger" ist das Wort, das als erstes das Ziel auf der rechten Seite des Blattes erreicht hat (also sechsmal aufgeschrieben wurde).
- **„Diktattasche"** (Schnabel 1997; Abb. 48): Das Kind steckt eine Karte mit Übungswörtern in die Diktattasche. Dann zieht es die Karte nach oben, sodass die ersten Wörter, die sich das Kind einprägen muss, im Sichtfenster erscheinen. Danach zieht es die Karte weiter, sodass die Übungswörter wieder in der Tasche verschwinden, und schreibt die Wörter auf. Schließlich wird die Karte aus der Tasche gezogen, sodass die Wörter wieder erscheinen und kontrolliert werden können. Gleichzeitig erscheinen im Sichtfenster neue Wörter.

⚀	Rose	Sofa	Salami
⚁	Maus	Hose	
⚂	Juni	Juli	
⚃	malen	Seife	
⚄	Schule	Schaf	Schere
⚅	Name	leise	Reise

Abb. 46: Würfelspiel

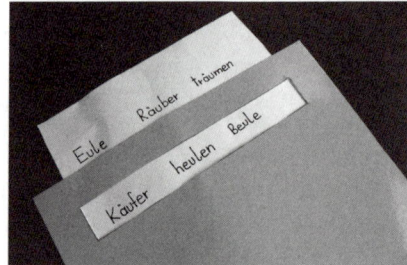

Abb. 44: Symbolkarten für das rechtschreibgerichtete Abschreiben

Abb. 48: Diktattasche (Schnabel 1997, 122)

Hand	Burg	Fabrik	Tag
Korb	Wort	rund	hart
Zug	Land	Rast	Hemd

Hand	Burg	Fabrik	Tag
Korb	Wort	rund	hart
Zug	Land	Rast	Hemd

Abb. 45: Geheimschriften

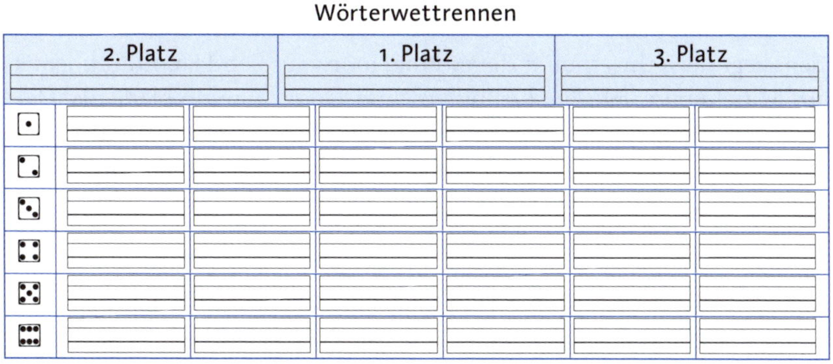

Abb. 47: Wörterwettrennen

Diese methodische Vorgehensweise ist viel versprechend, was das Kennenlernen einer Regel angeht. Üblicherweise gelingt es den Kindern auch, Sicherheit in der orthographisch korrekten Schreibweise des Übungswortschatzes zu erzielen. Ein nicht zu vernachlässigendes Problem, das nicht alle Kinder mit Hilfe dieser Methode lösen, ist die Übertragung und die Anwendung der gelernten Regel auf den gesamten Schriftsprachprozess, insbesondere wenn beim Schreiben zusätzliche inhaltliche, semantische oder grammatische Aspekte berücksichtigt werden müssen.

Morphemtraining

Klicpera / Gasteiger-Klicpera (1995) schlagen als Methode für einen erfolgreichen Rechtschreibunterricht das Üben bestimmter orthographischer Merkmale der Rechtschreibung vor. Wörter mit denselben Merkmalen sollen zu Gruppen zusammengestellt und gemeinsam systematisch trainiert werden. Dazu ist es notwendig, dass die Aufmerksamkeit explizit auf die invarianten Merkmale gelenkt wird (z. B. durch optische Hervorhebung), damit die Kinder Analogien entdecken können und ein Transferlernen gewährleistet wird.

Ein entsprechender, in der Praxis erprobter Ansatz, ist das Morphemtraining, wie es z. B. von Kleinmann (2004) mit der „Wörterbaustelle" vorgeschlagen wird. Der Autor geht davon aus, dass die Speicherung von Morphemen im Langzeitgedächtnis die wichtigste orthographische Strategie darstellt. Für das Training unterscheidet Kleinmann Vor-, Haupt- und Endmorpheme. Während Vormorpheme den Sinngehalt nuancieren und Endmorpheme primär grammatikalische Informationen transportieren, tragen Hauptmorpheme den Kern der semantischen Botschaft. Da Vor-

Wörterbaustelle

und Endmorpheme in der Wörterbaustelle automatisch mittrainiert werden, liegt der Schwerpunkt dieses Programms auf den Hauptmorphemen. Im Mittelpunkt steht die Dehnungs- und Doppelungsproblematik. Dazu wurden orthographische Cluster ausgewählt (z. B. <ck>, <tz>, <ff>, <ll>, <mm>, <ie>, Dehnungs-h), die nach Klanggruppen geordnet wurden (z. B. <ock>, <ück>, <eck> etc.) und zu denen die häufigsten und kombinierfreudigsten Hauptmorpheme für das Training ausgewählt wurden (<glock>, <bock>, <glück>, <dreck>). Methodisch wird das Training durch Texte umgesetzt, in denen die Morpheme in hoher Frequenz vorkommen. Die Kinder lesen die Texte, identifizieren die orthographische Besonderheit, schreiben die Lernwörter aus dem Text ab, lernen die Hauptmorpheme auswendig und suchen nach neuen Wörtern mit diesen. Auf einer „Wörterbaustelle" (Abb. 49) versuchen die Kinder aus Vor-, Haupt- und Endmorphemen neue Wörter zu bilden.

 Weitere Anregungen finden sich bei Kleinmann (2004; 2009).

WORTBAUSTELLE

		Was tut …? **VERBEN**	Wie ist …? **ADJEKTIVE**	der, die, das … **NOMEN**
Ab/ab	Herum/herum	en	bar	chen
An/an	Hin/hin	eln	end	e
Auf/auf	Hinaus/hinaus	ern	elnd	el, en, er
Aus/aus	Hinein/hinein	ieren	haft	erei
Be/be	Los/los	igen	ig	heit
Bei/bei	Mit/mit	nen	isch	igkeit
Davon/davon	Nach/nach	t	lich	(er)in/innen
Durch/durch	Über/über		los	keit
Ein/ein	Um/um		nend	lichkeit
Ent/ent	Un/un		sam	lein
Er/er	Unter/unter			ling
Fest/fest	Ver/ver			ner
Fort/fort	Vor/vor			nis/nisse
Ge/ge	Weg/weg			nung
Her/her	Zer/zer			schaft
Heraus/heraus	Zu/zu			tum
Herein/herein	Zurück/zurück			ung

Abb. 49: Wörterbaustelle (Kleinmann 2004, 71)

Diese Form des Rechtschreibtrainings hat deutliche Parallelen mit der in Kapitel 5.4 skizzierten Förderung der automatisierten Worterkennung. Es bietet sich an, die im Rechtschreib-Training fokussierten Morpheme und die sublexikalischen Einheiten des Lesetrainings aufeinander abzustimmen, um so ein kombiniertes Lese-Rechtschreibtraining verwirklichen zu können.

5.7 Förderung des schriftsprachlichen Ausdrucks

Wenn die Kinder das lautgetreue Aufschreiben von Wörtern beherrschen und evtl. bereits erste orthographische Besonderheiten der deutschen Schriftsprache kennen gelernt haben, stellt das Aufschreiben von Sätzen und kleinen Geschichten einen weiteren wichtigen Lerninhalt dar.

Da ein Großteil der Kinder mit Lese-Rechtschreib-Schwierigkeiten auch in der lautsprachlichen Kommunikation Schwierigkeiten hat, Gedanken, Ideen und Wissen sprachlich stringent darzustellen, und sich Defizite auf semantisch-lexikalischer und grammatikalischer Ebene auch in den Schreibprodukten wiederfinden, muss die Förderung des schriftsprachlichen Ausdrucks bereits auf lautsprachlicher Ebene beginnen.

Berücksichtigung lautsprachlicher Defizite

Deshalb sollte bei allen in diesem Kapitel vorgeschlagenen praktischen Anregungen durchgängig darauf geachtet werden, dass vor der schriftsprachlichen Produktion eine Phase der intensiven lautsprachlichen Erarbeitung integriert wird. Neben der effektiven Vorbereitung der Schreibaufgabe erhalten Kinder mit weniger kreativen Einfällen in dieser Phase Ideen von ihren Klassenkameraden.

Bedeutung lautsprachlicher Erarbeitung

Hinzu kommen Besonderheiten im schriftlichen Ausdruck, die im Rahmen der Aufsatzerziehung berücksichtigt werden müssen. Während in der Lautsprache unvollständige, einfache Sätze an der Tagesordnung sind, zahlreiche umgangssprachliche oder Slang-Wörter Verwendung finden, werden beim Schreiben vollständige Sätze und in höheren Jahrgangsstufen komplexe, abwechslungsreiche Satzstrukturen sowie ein differenzierter Wortschatz erwartet. Aufgrund der Tatsache, dass in der schriftsprachlichen Modalität zahlreiche nonverbale Informationsträger der lautsprachlichen Kommunikation (Prosodie, Gestik, Mimik) nicht zur Verfügung stehen, müssen die Kinder lernen, diese mit schriftsprachlichen Mitteln darzustellen. Zudem müssen die Kinder motiviert und unterstützt werden, das Schreibprodukt einer detaillierten inhaltlichen und formalen Analyse zu unterziehen, Verbesserungsvorschläge der Lehrkraft und der Klassenkameraden zu überdenken und die Geschichte zu überarbeiten.

Unterschiede zwischen Laut- und Schriftsprache

Vom Satz zum Text

kontinuierlicher Übergang

Wie auf rezeptiver Seite ist auch für die produktive Modalität davon auszugehen, dass ein plötzlicher Übergang von der Wort- zur Textebene Kinder mit Lese-Rechtschreib-Schwierigkeiten überfordert.

Aus diesem Grund bietet sich auch in diesem Bereich ein langsamer, kontinuierlicher Übergang von der Wort- über die Phrasen- und Satzebene hin zum Verfassen eigener kleiner Geschichten an. Umfangreiche Schreibaufgaben können demotivieren, überschaubare Schreibanlässe dagegen können eher Erfolgserlebnisse vermitteln.

Die ersten „Geschichten" der Kinder können aus einzelnen Wörtern kombiniert mit Bildern bestehen. Zum Thema „Das gibt es auf dem Bauernhof" entstehen kleine bedeutungsvolle Geschichten, wenn die Kinder einzelne Wörter durch Bilder ergänzen dürfen.

Schreiben elliptischer Teilsätze

Als nächstes Ziel bietet es sich an, dass Kinder elliptische Teilsätze formulieren und aufschreiben. Auf dieser Ebene kann der Schriftsprachunterricht auch als Ergänzung der Sprachtherapie fungieren, wenn das intendierte Schreibprodukt in Anlehnung an die individuellen sprachlichen Lernbedürfnisse der Kinder ausgewählt wird. Grammatisch gestörte Kinder haben z. B. Schwierigkeiten mit der Anwendung der Subjekt-Verb-Kontrollregel, der Verbzweitstellungsregel im Hauptsatz, der korrekten Markierung des Dativs und Akkusativs sowie der syntaktisch korrekten Darstellung subordinierter Nebensätze mit Verbendstellung (Motsch 2006; 2009).

kürzestmögliche Zielstruktur

So wie in der Sprachtherapie ist es dabei auch im Schriftsprachunterricht nicht notwendig, dass grammatikalisch vollständige Sätze produziert werden. Vielmehr ist es völlig ausreichend, wenn die fokussierte Zielstruktur (z. B. eine Präpositionalphrase mit Akkusativ) formalsprachlich korrekt verschriftet wird. Diese Methode entspricht dem Prinzip der „kürzestmöglichen Zielstruktur" der Kontextoptimierung, einer Therapiekonzeption für grammatisch gestörte Kinder (Motsch 2006).

Methodisch bieten sich das Ausfüllen von Sprechblasen oder Beschreibungen von Bildern an. Ein Bild mit unterschiedlichen Verstecken für einen Gegenstand kann auf laut- und schriftsprachlicher Ebene Präpositionalphrasen mit Akkusativmarkierungen evozieren. Nachdem zunächst potenzielle Verstecke für einen beliebigen Gegenstand („Wohin kann ich … legen?") mündlich formuliert wurden („unter den Tisch", „hinter den Schrank"), werden diese anschließend auf einem Arbeitsblatt schriftlich festgehalten (Abb. 50). Ein grammatikalisch vollständiger Satz („Du hast … unter den Schrank gelegt.") ist pragmatisch nicht angemessen und schriftsprachlich in der ersten Klasse für viele Kinder eine Überforderung.

Abb. 50: Fokussierung der Akkusativmarkierung

Ein Beispiel, das Dativ- und Akkusativmarkierungen gleichzeitig evoziert, kann in Anlehnung an Motsch (2009) in den Unterricht integriert werden. Die Kinder sehen eine Anordnung wie in Abb. 51 (Motsch 2009) als Tafelbild und überlegen sich als Tierpfleger, wem sie welches Futter geben und schreiben das anschließend in ihrem „Notizbuch" auf („dem Affen die Banane").

Abb. 51: Fokussierung Akkusativ und Dativ: „Wem gebe ich was?" (Motsch 2009, 20)

Werden Bildern von Personen in unterschiedlichen Situationen mit eindeutigen Gefühlsausdrücken (Weinen, Lachen, Wut, Traurigkeit etc.) Sprechblasen hinzugefügt und ist daneben die Frage zu lesen: „Warum weinst du?", „Warum freust du dich?" etc., werden auf Seiten der Kinder kausale Nebensätze evoziert, die in die Sprechblase geschrieben werden. Auch hier gilt, dass es völlig ausreichend ist, wenn die Kinder den Nebensatz formalsprachlich korrekt darstellen.

Sätze formulieren

Auf einer nächsten Stufe sollen die Kinder den spezifisch schriftsprachlichen Anforderungen gerecht werden und lernen, vollständige Sätze zu formulieren und aufzuschreiben. Diese Fähigkeit kann bereits im Kindergarten und zu Beginn der ersten Klasse effektiv vorbereitet werden.

Schreibecke

Dazu sollte im Gruppenraum oder im Klassenzimmer eine Schreibecke eingerichtet werden. Hier steht die Lehrkraft den Kindern in regelmäßigen Abständen zur Verfügung, um deren Geschichten aufzuschreiben. Die Kinder lernen, dass sie ihre Geschichten für die gedruckte Version anders formulieren müssen als beim Erzählen. Die Lehrkraft fordert das Kind auf, einen Satz zu formulieren, diesen zu wiederholen und nach jedem Wort eine Pause zu machen. Dadurch gelangen die Kinder zu der Einsicht, dass in der Schriftsprache jedes artikulierte Wort aufgeschrieben wird. Es lernt die Lese- und die Schreibrichtung kennen und erfährt, dass jeder „Tintenfleck" zwischen zwei weißen Flecken einem Wort entspricht. Denkanstöße der Lehrkraft sollen die Kinder anregen zu überlegen, ob die Geschichte auch für andere verständlich ist, ob wichtige Informationen fehlen oder ob es treffendere Wörter gibt.

Das selbstständige Aufschreiben kann bereits zu Beginn der ersten Klasse effektiv angebahnt werden. Nachdem die Kinder, z. B. zu einem Erlebnis am Wochenende, ein Bild gemalt haben, diktieren sie der Lehrkraft einen Satz, der zunächst mit Hilfe von „Strukturstrichen" (jeder Strich entspricht einem Wort, längere Striche entsprechen längeren Wörtern) dargestellt wird. Bevor die Geschichte aufgeschrieben wird, „liest" das Kind den Satz erneut vor, während die Lehrkraft die Wörter auf den noch leeren Strichen mitzeigt. Außerdem wird das Kind gefragt, welche Wörter welchen Strichen entsprechen. Abschließend wird die Geschichte von der Lehrkraft „nach Diktat" aufgeschrieben, wobei die Kinder sukzessive mehr eigene Verantwortung für das Schreiben übernehmen. So werden einzelne Wörter von den Kindern lautiert oder auch selbstständig verschriftet.

Schreibanlässe auf Satzebene

Sind die Kinder in der Lage, erste Sätze alleine zu verschriften, sollten motivierende Schreibanlässe zahlreiche Erfahrungen auf dieser Ebene ermöglichen.

Um sich erste Sätze selber auszudenken und aufzuschreiben, bietet sich eine Übung an, bei dem die Kinder sinnvolle oder unsinnige Sätze „zusammenbauen". Die Kinder erhalten verschiedenfarbige Karten mit Subjekten, Prädikaten, Temporaladverbien, Lokaladverbien und Objekten, ziehen jeweils eine Karte jeder Farbe, ordnen diese zu einem grammatikalisch korrekten Satz und schreiben diesen anschließend auf. Die Satzbildung kann von der Lehrkraft durch die Vorgabe der Reihenfolge der unterschiedlichen Farben unterstützt werden.

Um ein **Abmalen der einzelnen Wörter** zu **verhindern**, sollte bei allen Schreibaufgaben darauf geachtet werden, dass sich die Kinder jeweils ein ganzes Wort, später eine vollständige Phrase einprägen und dann vollständig aufschreiben.

In meiner eigenen Praxis haben sich kleine Schreibkarten bewährt, auf denen eine Szene dargestellt ist, die mit einem kurzen Satz beschrieben werden kann (Abb. 52). Ingesamt ist es für Kinder einfacher, zunächst Bilder zu beschreiben, bevor eigene Geschichten erfunden und geschrieben werden müssen, wobei die Komplexität der Bilder sukzessive zunehmen sollte.

Schreibkarten

Abb. 52: Schreibkarten

Auch Sprechblasen können weiter genutzt werden. Die Kinder werden beispielsweise aufgefordert, einen Dialog aus zwei Sätzen aufzuschreiben oder ein Interview zu verfassen. Dabei formulieren die Kinder entweder die Frage und die Antwort oder ergänzen nur den fehlenden Satz. Die im Kapitel zum Leseverständnis genannten kleinen Rätseltexte können auch produktiv genutzt werden. Die Kinder bekommen Bildkarten von Tieren, Comic- oder Filmfiguren oder den eigenen Klassenkameraden und verfassen ein möglichst prägnantes Rätsel, das die anderen Kinder erraten sollen. Schließlich sind auch kleine Briefe als Schreibanlässe auf Satzebene geeignet. Die Kinder können ihre Weihnachtswünsche, Geburtstagsgrüße oder Genesungswünsche schriftlich festhalten.

Als **Differenzierungsmaßnahme** bietet es sich an, leistungsschwächeren Kindern Satzanfänge als sprachliche Strukturierungshilfen anzubieten.

Bildergeschichten Erste eigene Geschichten können auf der Grundlage von Bildergeschichten verfasst werden. Die einzelnen Bilder werden zunächst sukzessive lautsprachlich erarbeitet. Zum Teil bietet es sich an, nur einzelne Bildausschnitte zu präsentieren, um die Aufmerksamkeit der Kinder auf wesentliche Details zu lenken. Die Kinder beschreiben die Bildinhalte, verbalisieren den zentralen Handlungsstrang der Geschichte, überlegen, wie sich die Protagonisten äußern könnten, formulieren gegebenenfalls Dialoge, stellen diese im Rollenspiel dar, stellen Vermutungen über den Fortgang der Geschichte an, entwickeln eigene alternative Ideen und erzählen schließlich die vollständige Geschichte. Zum Teil können die Kinder bereits während der Erarbeitung der Geschichte schriftsprachlich aktiv werden. Sie können z. B. ihre Ideen zum weiteren Verlauf der Geschichte aufschreiben, eine leere Sprechblase füllen oder eine Vermutung über einen noch verborgenen Bildausschnitt verschriften.

Um das Erzählen und anschließende Aufschreiben der Geschichte zu unterstützen, sollten mögliche Satzanfänge, zentrale Begriffe, treffende Verben und Adjektive als **sprachliche Strukturierungshilfen** unter den einzelnen Bildern festgehalten werden. Zu betonen ist, dass es sich dabei um Orientierungshilfen für sprachlich schwache Kinder handelt, um eine Art Geländer auf sprachlich schwierigem Terrain. Kinder, die dieses Geländer nicht (mehr) benötigen, werden selbstverständlich nicht gezwungen, diese Unterstützung in Anspruch zu nehmen.

Grammatik der Geschichte Aufgrund der bereits genannten Problematik vieler sprachlich beeinträchtigter Kinder, eine phantasievolle Geschichte zu erfinden und diese sprachlich stringent für einen Zuhörer darzustellen, besteht die Notwendigkeit, den Kindern die „Grammatik einer Geschichte" (Schelten-Cornish 2001, 117) schrittweise zu verdeutlichen. Eine Geschichte beginnt mit der Beschreibung der Kulisse. Es wird erzählt „wer, wann, wo, was, mit wem" macht. Anschließend wird das Thema der Geschichte eingeführt. Die Kinder brauchen nun eine Idee für das „Was ist los?", für die Ursache der eigentlichen Geschichte, für das Problem, den Konflikt etc. Eine besondere Rolle spielen dabei die Gefühle der Beteiligten, die als Triebfeder für das Voranschreiten, für die Entwicklung der Geschichte fungieren können. Schließlich werden Lösungen für das Problem erfunden, bevor die Konsequenz („Was wurde daraus?") den Abschluss der Geschichte bildet (Schelten-Cornish 2001). Je nach Entwicklungsstand der Kinder bietet es sich an, die einzelnen Teile der Geschichte (Kulisse, verursachendes Geschehen, Reaktion, Lösungsversuch, Konsequenz) gesondert zu fokussieren. Zu diesem Zweck eignen sich Bildmaterialien oder Anordnungen mit realen Gegenständen, die den Ausgangspunkt einer Geschichte darstellen (Abb. 53). Dabei ist es zunächst Aufgabe der Lehrkraft, als Modell zu fungieren und unterschiedliche Ideen zu präsentieren, aus denen die Kinder eine für ihre eigene Geschichte übernehmen können. Werden einige Geschichten nach diesem „Multiple-Choice-Schema" entwickelt, werden die Kinder immer besser in der Lage sein, eigene Ideen einzubringen. Schelten-Cornish (2001, 118) betont, dass die Ideen der Kinder immer schriftlich festgehalten werden sollen:

Abb. 53: Einstiegsbild für das Erfinden einer eigenen Geschichte (Spinner 2008, 11)

> „Das Arbeiten genau nach den eigenen Worten motiviert die Kinder sehr und baut das Bewusstsein auf, dass sie Geschichten erzählen können. Die Selbstsicherheit beim Erzählen steigt sprunghaft an."

Weitere Anregungen finden sich bei Schelten-Cornish (2001) und Claussen (2000).

Eine motivierende Methode, eigene Geschichten zu erfinden, sind einzelne Bilder, die in einem thematischen Zusammenhang stehen und einige Aspekte einer Geschichte abstecken, aber noch genügend Freiraum lassen, die Geschichte im Detail weiterzuspinnen. Beispielsweise kann mit einigen Bildelementen um die Hauptfigur einer Geschichte deren Welt und die „Figuration eines Ereignisses" (Claussen 2000, 28) geschaffen werden, die von den Kindern phantasievoll ausgestaltet wird. Trotz des thematischen Rahmens können so ganz unterschiedliche Teilaspekte fokussiert werden, die Figuren mit unterschiedlichen Tugenden, Charakteren und Begabungen ausgestattet werden, sodass ganz verschiedene Geschichten entstehen. Nachdem die Geschichten mit der gesamten Klasse, in Kleingruppen oder in Partnerarbeit entwickelt wurden, die Lehrkraft insbesondere auf unterschiedliche Möglichkeiten der inhaltlichen Ausgestaltung hingewiesen hat und die Bildanordnung an der Tafel durch zentrale Wörter ergänzt wurde, sollten die Kinder in der Lage sein, ihre eigene Geschichte aufzuschreiben (Abb. 54).

Bildmaterial als thematische Vorgabe

Abb. 54: Indianermädchen (nach Claussen 2000)

Erzählgerüste

Schließlich sei noch auf eine Methode aus dem Bereich des Kreativen Schreibens hingewiesen (Witchas / Stiefenhofer 1999). Die Kinder erhalten „Erzählgerüste", die Strukturen vorgeben, ohne die Geschichte in ein inhaltliches Korsett zu zwängen (Tab. 11).

Tab. 11: Erzählgerüste

Erzählgerüst: Märchen	Erzählgerüst: Erlebnis
Es war einmal …	An einem schönen Tag …
Der König hatte …	Ich suchte …
Eines Tages …	Doch plötzlich …
Aber die Prinzessin …	Glücklicherweise …
Aber schließlich …	Da war ich aber froh, dass …
Und wenn sie nicht gestorben sind …	

Überarbeiten von Geschichten

Zum Verfassen eines Textes gehören die Vorbereitung, das Formulieren und das Überarbeiten. Insbesondere bei längeren Geschichten wird von Kindern spätestens ab der dritten Klasse erwartet, ihre Schreibprodukte zu beurteilen, zu korrigieren und zu überarbeiten. Häufig hemmt das die Schreibmotivation, da die Kinder es als überflüssig ansehen, sich mit einem in ihren Augen fertigen Produkt weiter auseinanderzusetzen.

Schreibkonferenz

Eine Methode, die diesem Problem entgegenwirken kann, ist die „Schreibkonferenz", bei der sich die Kinder mit den Werken der Mitschüler beschäftigen, Verständnisfragen stellen, primär das Positive hervorheben, aber auch Unklarheiten ausdrücken und stilistische Veränderungsvorschläge machen. Damit eine Schreibkonferenz zu einer positiven Erfahrung wird, benötigen die Kinder Unterstützung.

Zur Einführung von Schreibkonferenzen schlägt Käferle (2007) vor, folgende Punkte zu besprechen:

- Das hat uns gut gefallen.
- Hier haben wir noch Fragen.
- Das könntest du noch ändern.

Nachdem der Text vorgelesen wurde, werden zuerst Verständnisfragen geklärt. Der Autor muss dabei Hilfen erhalten, wie er unklare Textstellen markieren kann, um eine Orientierung für die spätere Überarbeitung zu haben. Anschließend wird der Text sprachlich unter die Lupe genommen.

Satzbau und Wortschatz werden hinterfragt, die Verwendung besonders treffender Wörter wird hervorgehoben, ein monotoner Satzbau kann moniert und entsprechende Verbesserungsvorschläge können gemacht werden. Schließlich wird der Text auch orthographisch untersucht. Schreibweisen, die angezweifelt werden, werden unterstrichen und anschließend mit Hilfe eines Wörterbuchs überprüft.

Insbesondere auf die Problematik des monotonen Satzbaus und der häufigen Wiederholungen am Satzanfang sei abschließend hingewiesen. Hecker (2009) macht zu Recht darauf aufmerksam, dass eine Sammlung von „Wörtern für den Satzanfang", die in vielen Klassenzimmern in Plakatform hängt, nicht wirklich weiterhilft, da diese den Text häufig künstlich und gestelzt wirken lassen. Er schlägt als Alternative die Umstellprobe vor (Abb. 55), mit deren Hilfe es Kindern gelingt, ihre Texte lebendiger und abwechslungsreicher zu gestalten. Durch die Umstellung einzelner Satzglieder erfahren die Kinder selbst, wie das ständig wiederholte „dann" vermieden werden kann. Bevor die Kinder die Umstellprobe zur Überarbeitung eigener Schreibprodukte fruchtbar machen können, müssen sie die Technik erlernen. Dies gelingt am besten anhand eines komplexen Satzes, dessen Satzglieder auseinandergeschnitten und anschließend in verschiedenen Reihenfolgen wieder zusammengesetzt werden. So erwerben die Kinder ein effektives Werkzeug für die stilistische Verbesserung ihrer Schreibprodukte.

Umstellprobe

Abb. 55: Umstellprobe

Literatur

Aro, M., Wimmer, H. (2003): Learning to Read: English in Comparison to Six More Regular Orthographies. Applied Psycholinguistics 24, 621–635

Baddeley, A. (1986): Working Memory. University Press, New York, Oxford
Barth, K., Gomm, B. (2008): Gruppentest zur Früherkennung von Lese- und Rechtschreibschwierigkeiten. Phonologische Bewusstheit bei Kindergartenkindern und Schulanfängern (PB-LRS) – Manual. 2. Aufl. Ernst Reinhardt, München / Basel
Berninger, V. W. et al. (2003): Comparison of Three Approaches to Supplementary Reading Instruction for Low-Achieving Second Grade Readers. Language, Speech and Hearing Services in Schools 34, 101–116
Blachman, B. A. (1994): What have we learned from Longitudinal Studies of Phonological Processing and Reading and some unanswered Questions: A Response to Torgesen, Wagner and Rashotte. Journal of Learning Disabilities 27, 287–291
Bradley, L., Bryant, P. E. (1985): Rhyme and Reason in Reading and Spelling. University of Michigan Press, Ann Arbor
–, – (1983): Categorizing Sounds and Learning to read: A Causal Connection. Nature 30, 419–421
Brady, S. A., Shankweiler, D. P. (Eds.) (1991): Phonological Processes in Literacy. A Tribute to Isabelle Y. Liberman. Lawrence Erlbaum Associates, Publishers, Hillsdale, New Jersey, Hove London
Bowers, P. G., Golden, J. O., Kennedy, A., Young, A. (1994): Limits upon Orthographic Knowledge due to Processes Indexed by Naming Speed. In: Berninger V. W. (Hrsg.): The Varieties of Orthographic Knowledge: Theoretical and Developmental Issue. Kluwer Academic Publishers, Dordrecht, Boston, London, 173–218
Brizzolara, W., Chilosi, A., Cipriani, A., Gasperini, F., Mazzotti, S., Pecini, C., Zoccolotti, P. (2006): Do Phonologic and Rapid Automatized Naming Deficits Differentially Affect Dyslexic Children With and Without a History of Language Delay? A Study of Italian Dyslexic Children. Cognitive and Behavioral Neurology 19, 141–149
Brügelmann, H. (1992): Kinder auf dem Weg zur Schrift. Eine Fibel für Lehrer und Laien. Libelle Verlag, Bottighofen
Bünting, K. (1996): Deutsches Wörterbuch. Isis Verlag, Chur

Catts, H. W. (1993): The Relationship between Speech-Language Impairments and Reading Disabilities. Journal of Speech and Hearing Research 36, 948–958
–, Adloff, S. M., Weismer, S. E. (2006): Language Deficits in Poor Comprehenders: A Case for the Simple View of Reading. Journal of Speech, Language and Hearing Research 49, 278–293
–, Fey, M. E., Tomblin, J. B., Zhang, X. (2002): A Longitudinal Investigation of Reading Outcomes in Children with Language Impairments. Journal of Speech, Language and Hearing Research 45, 1142–1157

–, – (1999): Language Basis of Reading and Reading Disabilities: Evidence from a Longitudinal Investigation. Scientific Studies of Reading 3, 331–361
Chard, D. J., Vaughn, S., Tyler, B. J. (2002): A Synthesis of Research on Effective Interventions for Building Reading Fluency with Elementary Students with Learning Disabilities. Journal of Learning Disabilities 35, 386–406
Claussen, C. (2000): Erzähl' mal was. Materialien für das mündliche Erzählen in der Grundschule. Auer Verlag, Donauwörth
Coltheart, M. (1978): Lexical Access in Simple Reading Tasks. In: Underwood, G. (Ed.): Strategies of Information Processing. Academic Press, London, New York, San Francisco, 151–216
Cornwall, A. (1992): The Relationship of Phonological Awareness, Rapid Naming and Verbal Memory to Severe Reading and Spelling Disability. Journal of Learning Disabilities 25, 532–538
Costard, S. (2007): Störungen der Schriftsprache. Modellgeleitete Diagnostik und Therapie. Thieme Verlag, Stuttgart, New York
Crämer, C. (1989): Eine Lesekartei aus der Freiarbeit wird durch Entwicklung von individualisierten Fördermaterialien erweitert. Unveröffentlichte Examensarbeit. Göppingen
–, Schumann, G. (2002): Schriftsprache. In: Baumgartner, S., Füssenich, I. (Hrsg.): Sprachtherapie mit Kindern. Ernst Reinhardt, München / Basel, 256–319
–, Füssenich, I., Schumann, G. (1996): Lese- und Schreibschwierigkeiten im Zusammenhang mit Problemen der gesprochenen Sprache. Die Sprachheilarbeit 42, 5–22

Dannenbauer, F. M. (2007): Spezifische Sprachentwicklungsstörung (SLI). In: Grohnfeldt, M. (Hrsg.): Lexikon der Sprachtherapie. Kohlhammer, Stuttgart, 292–299
– (2002): Spezifische Sprachentwicklungsstörung im Jugendalter. Die Sprachheilarbeit 47, 10–17
– (2001): Chancen der Frühintervention bei spezifischer Sprachentwicklungsstörung. Die Sprachheilarbeit 46, 103–111
Daneman, M., Carpenter, P. A. (1983): Individual Differences in Integrating Information Between and Within Sentences. Journal of Experimental Psychology 9, 561–582
de Jong, P. F. (1998): Working Memory Deficits of Reading Disabled Children. Journal of Experimental Child Psychology 70, 75–96
Denckla, M. B., Rudel, R. G. (1976): Rapid Automatized Naming (R.A.N.): Dyslexia Differentiated from Other Learning Disabilities. Neuropsychologia 14, 471–479
Dummer-Smoch, L., Hackethal, R. (2002): Kieler Leseaufbau. Veris Verlag, Kiel

Ehri, L. C. (1992): Reconceptualizing the Development of Sight Word Reading and its Relationship to Recoding. In: Gough, P. B., Ehri, L. C., Treiman, R. (Eds.): Reading Acquisition. Lawrence Erlbaum Associates, Hillsdale, New Jersey, 107–145
–, Wilce, L. S. (1983): Development of Word Identification Speed in Skilled and Less Skilled Beginning Readers. Journal of Educational Psychology 75, 3–18

Faust, M., Dimitrovsky, L., Shacht, T. (2003): Naming Difficulties in Children with Dyslexia: Application of the Tip-of-the-Tongue Paradigm. Journal of Learning Disabilities 36, 203–215

Felton, R. H. (1993): Effects of Instruction on the Decoding Skills of Children with Phonological-Processing Problems. Journal of Learning Disabilities 26, 583–589

Foorman, B. R., Francis, D. J., Fletcher, J. M., Schatschneider, C., Mehta, P. (1998): The Role of Instruction in Learning to Read: Preventing Reading Failure in at-risk Children. Journal of Educational Psychology 90, 1–15

Forster, M., Martschinke, S. (2001): Diagnose und Förderung im Schriftspracherwerb, Band 2: Leichter lesen und schreiben lernen mit der Hexe Susi. Auer Verlag, Donauwörth

Franke, U. (2008): Artikulationstherapie mit Vorschulkindern. Ernst Reinhardt, München / Basel

Fraser, J., Conti-Ramsden, G. (2008): Contribution of Phonological and Broader Language Skills to Literacy. International Journal of Language and Communication Disorders 43, 552–569

Frith, U. (1986): A Developmental Framework for Developmental Dyslexia. Annals of Dyslexia 36, 69–83

Funke, C. (1996): Die wilden Hühner auf Klassenfahrt. Dressler Verlag, Hamburg

Georgiou, G. K., Parilla, R., Papadopulos, T. C. (2008): Predictors of Word Decoding and Reading Fluency Across Languages Varying in Orthographic Consistency. Journal of Educational Psychology 100, 566–580

Glück, C. W. (2003): Semantisch-Lexikalische Störungen bei Kindern und Jugendlichen. Therapieformen und ihre Wirksamkeit. Sprache, Stimme und Gehör 27, 125–134

– (2001): Test zur automatisierten Schnellbenennung (TASB), Unveröffentlichte Experimentalversion München

– (2000a): Kindliche Wortfindungsstörungen: Ein Bericht des aktuellen Erkenntnisstandes zu Grundlagen, Diagnostik und Therapie. 2. Aufl. Lang, Frankfurt

– (2000b): Von Lautfindungsstörungen und vom Langsamlesen: Die Sprachheilarbeit 45, 47–56

Grimm, H., Aktas, M., Frevert, S. (2000): Sprachentwicklungstest für drei- bis fünfjährige Kinder (SETK 3-5). Hogrefe, Göttingen

Günther, K. B. (1986): Ein Stufenmodell der Entwicklung kindlicher Lese- und Schreibstrategien. In: Brügelmann, H. (Hrsg.): ABC und Schriftsprache. Rätsel für Kinder, Lehrer und Forscher. Faude, Konstanz, 32–54

Hartmann, E. (2006): In Bildern denken – Texte besser verstehen. Lesekompetenz strategisch stärken. Ernst Reinhardt, München / Basel

– (2003): LRS-Prävention bei sprachentwicklungsgestörten Kindern durch vorschulische Förderung phonologischer Bewusstheit: Grundlagen, Forschungsbilanz und Perspektiven. Mitsprache 35, 7–38

–, Dolenc, R. (2005): Olli der Ohrendetektiv: Test und Förderverfahren zur phonologischen Bewusstheit in Vorschule und Schule. Auer Verlag, Donauwörth

Hasselhorn, M., Grube, D. (2003): Das Arbeitsgedächtnis: Funktionsweise, Entwicklung und Bedeutung für kognitive Leistungsstörungen. Sprache, Stimme und Gehör 27, 31–37

Hatcher, P., Hulme, C., Ellis, A. (1994): Ameliorating Early Reading Failure by Integrating the Teaching of Reading and Phonological Skills. Child Development 65, 41–57

Hecker, U. (2009): Kinder auf der Satzbaustelle. Grundschulmagazin 1, 13–15
Herrndobler, I., Niedermair, U. (1992): Deutsch 1/2. Bubu-Verlag, Ergolding
Holopainen, L., Ahonen, T., Lyytinen, H. (2001): Predicting Delay in Reading Achievement in a Highly Transparent Language. Journal of Learning Disabilities 34, 401–413
Hoover, W. A., Gough, P. B. (1990): The Simple View of Reading. Reading and Writing: An Interdisciplinary Journal 2, 127–160

Jansen, H., Marx, H. (1999): Phonologische Bewusstheit und ihre Bedeutung für den Schriftspracherwerb. Forum Logopädie 13, 7–16
–, Mannhaupt, G., Marx, H., Skowronek, H. (2002): Bielefelder Screening zur Früherkennung von Lese- Rechtschreibschwierigkeiten. 2. Aufl. Hogrefe, Göttingen
Jansen, F., Streit, U. (2007): Lesen und Rechtschreiben lernen nach dem IntraAct-Plus-Konzept. Springer, Heidelberg
Juel, C. (1988): Learning to Read and Write: A Longitudinal Study of 54 Children from First through Fourth Grades. Journal of Educational Psychology 80, 437–447

Käferle, V. (2007): Schreibkonferenzen fördern Schreibkompetenzen. Grundschulmagazin 5, 29–34
Kalmar, M. (2001): Die acht auditiven Fallen im Lese-Rechtschreib-Erwerbsprozess. In: dgs Landesgruppe Berlin (Hrsg.): Sprachheilpädagogik im Spannungsfeld von Wissenschaft und Praxis. edition von freisleben, Rimpar, 266–275
Kibby, M. Y., Marks, W., Morgan, S., Long, C. J. (2004): Specific Impairment in Developmental Reading Disabilities: A Working Memory Approach. Journal of Learning Disabilities 37, 349–363
Kirby, J. R., Pfeiffer, S., Parilla, R. (2003): Naming Speed and Phonological Awareness as Predictors of Reading Development. Journal of Educational Psychology 95, 453–464
Kirschhock, E. M. (2004): Entwicklung schriftsprachlicher Kompetenzen im Anfangsunterricht. Verlag Julius Klinkhardt, Bad Heilbrunn
Kleinmann, K. (2009): Das super-schlaue Rechtschreibtraining. Borgmann Media, Dortmund
– (2004): Die Wortbaustelle. AOL-Verlag, Lichtenau
Klicpera, C., Gasteiger-Klicpera, B. (2005): Lese- und Rechtschreibschwierigkeiten bei sprachgestörten Kindern der zweiten bis vierten Klassenstufe. In: Arnoldy, P., Traub, B. (Hrsg.): Sprachentwicklungsstörungen – Früh erkennen und behandeln. von Loeper Literaturverlag, Karlsruhe, 77–95
–, – (1995): Psychologie der Lese- und Schreibschwierigkeiten. Entwicklung, Ursachen, Förderung. Beltz, Weinheim
–, –, Schabmann, A., (2007): Legasthenie. Ernst Reinhardt, München/Basel
Korhonen, T. (1991): Neuropsychological Stability and Prognosis of Subgroups of Children with Learning Disabilities. Journal of Learning Disabilities 24, 48–56
Kruth, I., Thul, I. (2003): Kriterien zur Begriffsauswahl bei der Anpassung von Anlauttabellen für Schüler mit Spezifischen Spracherwerbsstörungen. Die Sprachheilarbeit 48, 157–164
Küspert, P. (1998): Phonologische Bewusstheit und Schriftspracherwerb. Zu den Effekten vorschulischer Förderung der phonologischen Bewusstheit auf den Erwerb des Lesens und Rechtschreibens. Lang, Frankfurt

–, Schneider, W. (2006): Hören, lauschen, lernen – Sprachspiele für Vorschulkinder. 5. Aufl. Vandenhoeck & Ruprecht, Göttingen
–, – (2002): Hören, lauschen, lernen. Sprachspiele für Kinder im Vorschulalter. Würzburger Trainingsprogramm zur Vorbereitung auf den Erwerb der Schriftsprache. Vandenhoeck & Ruprecht, Göttingen
–, – (1998): Würzburger Leise Leseprobe. Hogrefe, Göttingen

Landerl, K., Linortner, R., Wimmer, H. (1992): Phonologische Bewusstheit und Schriftspracherwerb im Deutschen. Zeitschrift für Pädagogische Psychologie 6, 17–35
–, Wimmer, H. (2000): Deficits in Phoneme Segmentation are not the Core Problem of Dyslexia. Evidence from German and English Children. Applied Psycholinguistics 21, 243–262
Lenhard, W., Schneider, W. (2006): ELFE 1–6. Ein Leseverständnistest für Erst- bis Sechstklässler. Hogrefe, Göttingen
Levy, B. A. (2001): Moving the Bottom: Improving Reading Fluency. In: Wolf, M. (Hrsg.): Dyslexia, Fluency, and the Brain. York Press, Timonium, MD, 357–378
Lewkowicz, N. (1980): Phonemic Awareness Training: What to Teach and How to Teach It. Journal of Educational Psychology 72, 686–700
Linder, M., Grissemann, H. (2000): Zürcher Lesetest (ZLT). Huber, Bern
Lyon, G. R., Moats, L. C. (1997): Critical Conceptual and Methodological Considerations in Reading Intervention Research. Journal of Learning Disabilities 30, 578–588
–, Shaywitz, S. E., Shaywitz, B. A. (2003): Defining Dyslexia, Comorbidity, Teachers' Knowledge of Language and Reading. A Definition of Dyslexia. Annals of Dyslexia 53, 1–14
Lundberg, I., Olofson, A., Wall, S. (1980): Reading and Spelling Skills in the First School Years Predicted from Phonemic Awareness Skills in Kindergarten. Scandinavian Journal of Psychology 21, 159–173
–, Frost, J., Petersen, O. (1988): Effects of an Extensive Training Program for Stimulating Phonological Awareness in Preschool Children. Reading Research Quarterly 23, 263–284

Machelett, K. (1996): Das Lesen von Sonagrammen. In: *www.phonetik.uni-muenchen.de/studium/skripten/SGL/SGLKap1.html*, 23.11.2009
Mann, V. A., Liberman, I. Y. (1984): Phonological Awareness and Verbal Short-Term Memory. Journal of Learning Disabilities 17, 592–599
Martin-Chang, S. L., Levy, B. A. (2005): Fluency Transfer: Differential Gains in Reading Speed and Accuracy Following Isolated Word and Context Training. Reading and Writing. An Interdisciplinary Journal 18, 343–376
Martschinke, S., Kirschhock, E. M., Frank, A. (2001): Diagnose und Förderung im Schriftspracherwerb, Band 1: Der Rundgang durch Hörhausen. Auer Verlag, Donauwörth
–, Kammermeyer, G., King, M., Forster, M. (2005): Diagnose und Förderung im Schriftspracherwerb. Anlaute hören, Reime finden, Silben klatschen: Erhebungsverfahren zur phonologischen Bewusstheit in der Vorschule. Auer Verlag, Donauwörth
Marx, H. (1998): Knuspels Leseaufgaben (KNUSPEL-L). Hogrefe, Göttingen

Marx, H., Weber, J. M., Schneider, W. (2001): Legasthenie versus allgemeine Lese-Rechtschreibschwäche. Ein Vergleich der Leistungen in der phonologischen und visuellen Informationsverarbeitung. Zeitschrift für Pädagogische Psychologie 15, 85–98
May, P. (2002): Hamburger Schreibprobe (HSP). Verlag für pädagogische Medien, Hamburg
Mayer, A. (2009a): Blitzschnelle Worterkennung. Borgmann media, Dortmund
– (2009b): RAN K-4: Überprüfung der Benennungsgeschwindigkeit für Kinder zwischen KITA und vierter Klasse. Unveröffentlichte Experimentalversion. Universität zu Köln
– (2008): Phonologische Bewusstheit, Benennungsgeschwindigkeit und automatisierte Leseprozesse. Shaker Verlag, Aachen
– (2007): Realisierung spezifischer sprachheilpädagogischer Maßnahmen im Unterricht, dargestellt am Beispiel der dialogischen Bilderbuchbetrachtung. Sonderpädagogik in Bayern 50, 28–46
Meyer, M. S., Wood, F., Hart, L., Felton, R. (1998): Selective Predictive Value of Rapid Automatized Naming in Poor Readers. Journal of Learning Disabilities 31, 106–117
Motsch, H. J. (2009): ESGRAF-R. Modularisierte Diagnostik grammatischer Störungen. Ernst Reinhardt, München / Basel
– (2006): Kontextoptimierung. Ernst Reinhardt, München / Basel
Müller, H. (1999): Leseblätter mit Selbstkontrolle. Persen Verlag, Buxtehude

Nation, K., Adams, J. W., Bowyer-Crane, A., Snowling, M. J. (1999): Working Memory Deficits in Poor Comprehenders Reflect Underlying Language Impairments. Journal of Experimental Child Psychology 73, 139–158

O'Connor, R. E., Jenkins, J. R. (1999): Prediction of Reading Disabilities in Kindergarten and First Grade. Scientific Studies of Reading 3, 159–197
Olson, R. K., Wise, B., Johnson, M. C., Ring, J. (1997): Computer-Based Remedial Training in Phoneme Awareness and Phonological Decoding: Effects on the Posttraining Development of Word Recognition. Scientific Studies of Reading 1, 235–253
Osburg, C. (1997): Gesprochene und geschriebene Sprache: Aussprachestörungen und Schriftspracherwerb. Schneider Verlag, Baltmannsweiler

Plume, P., Schneider, W. (2004): Hören, lauschen, lernen 2 – Sprachspiele mit Buchstaben und Lauten für Kinder im Vorschulalter. Vandenhoeck & Ruprecht, Göttingen
Press, H. J. (2004): Der kleine Herr Jakob. Bildergeschichten. Beltz, Weinheim / Basel
Preussler, O. (2005): Die kleine Hexe. Thienemann Verlag, Stuttgart

Ritter, S. (2005): Entwicklung und empirische Überprüfung eines Lesetrainings auf Silbenbasis *www.opus.kobv.de/ubp/volltexte/2006/1003/pdf/ritter_diss.pdf* (15.07.2009)
Roth, E. (1999): Prävention von Lese- und Rechtschreibschwierigkeiten. Evaluation einer vorschulischen Förderung der phonologischen Bewusstheit und der Buchstabenkenntnis. Lang, Frankfurt

–, Schneider, W. (2002): Langzeiteffekte einer Förderung der phonologischen Bewusstheit und der Buchstabenkenntnis auf den Schriftspracherwerb. Zeitschrift für Pädagogische Psychologie 16, 99–107

Scharff-Kniemeyer, M. (2008): Lieder, Reime, Fingerspiele: Ravensburger Buchverlag, Ravensburg

Schäfer, H., Leis, N. (2008): Lesen und Schreiben im Handumdrehen. Lautgebärden erleichtern den Schriftspracherwerb in Förderschule und Grundschule. Ernst Reinhardt, München / Basel

Schelten-Cornish, S. (2001): Die Grammatik der Geschichte. Die Sprachheilarbeit 46, 113–123

Schnabel, J. (1997): Freie Arbeit im 3. und 4. Schuljahr. Oldenbourg, München

Schneider, W. (2000): Das Konzept der phonologischen Bewusstheit und seine Bedeutung für den Schriftspracherwerb. In: Akademie für Lehrerfortbildung und Personalführung Dillingen (Hrsg.): Lese-Rechtschreib-Schwierigkeiten. Auer Verlag, Donauwörth 96–105

–, Küspert, P., Roth, E., Marx, H. (1997): Short and Long Term Effects of Training Phonological Awareness in Kindergarten: Evidence from Two German Studies. Journal of Experimental Child Psychology 66, 311–340

–, Roth, E., Ennemoser, M. (2000): Training Phonological Skills and Letter Knowledge in Children at Risk for Dyslexia: A Comparison of Three Kindergarten Intervention Programs. Journal of Educational Psychology 92, 284–295

–, Schlagmüller, M., Ennemoser, M. (2007): LGVT 6–12. Lesegeschwindigkeits- und -verständnistest für die Klassen 6–12. Hogrefe, Göttingen

–, Vise, M., Reimers, P., Blaesser, B. (1994): Auswirkungen eines Trainings der sprachlichen Bewusstheit auf den Schriftspracherwerb in der Schule. Zeitschrift für Pädagogische Psychologie 8, 177–188

Schnitzler, C. (2008): Phonologische Bewusstheit und Schriftspracherwerb. Thieme Verlag, Stuttgart

Schöler, H. (1999): Inventar diagnostischer Informationen bei Sprachentwicklungsauffälligkeiten (IDIS). Edition Schindele im Universitätsverlag C. Winter, Heidelberg

Schuchardt, K., Kunze, J., Grube, D., Hasselhorn, M. (2006): Arbeitsgedächtnisdefizite bei Kindern mit schwachen Rechen- und Schriftsprachleistungen. Zeitschrift für Entwicklungspsychologie und Pädagogische Psychologie 20, 261–268

Schuele, M. C., Boudreau, D. (2008): Phonological Awareness Intervention: Beyond the Basics. Language, Speech and Hearing Services in Schools 39, 3–20

Schultz, T. (2009): Der Drill der frühen Jahre. Süddeutsche Zeitung vom 9.3.2009, 56, 40

Seigneuric, A., Ehrlich, M. (2005): Contribution of Working Memory Capacity to Children's Reading Comprehension: A Longitudinal Investigation. Reading and Writing: An Interdisciplinary Journal 18, 617–656

Serrano, F., Defior, S. (2008): Dyslexia Speed Problems in a Transparent Orthography. Annals of Dyslexia 58, 81–95

Share, D. J. (1999): Phonological Recoding and Orthographic Learning: A Direct Test of the Self Teaching Hypothesis. Journal of Experimental Child Psychology 72, 95–129

Skowronek, H., Marx, H. (1989): Die Bielefelder Längsschnittuntersuchung zur Früherkennung von Risiken der Lese-Rechtschreibschwäche. Theoretischer Rahmen und erste Befunde. Heilpädagogische Forschung 25, 37–49

Spinner, K. (2008): Lesen ist verstehen. Grundschulmagazin 2, 8–11

Stahl, S. A., Murray, B. A. (1994): Defining Phonological Awareness and its Relationship to Early Reading. Journal of Educational Psychology 86, 221–234

Stanovic, K. E. (1988): Explaining the Differences Between the Dyslexic and Garden Variety Poor Readers: The Phonological Core Variable Difference Model. Journal of Learning Disabilities 21, 590–612

Steinleitner, U. (2001): Der Zauberlehrling. Richtig schreiben. Diesterweg, Braunschweig

Stock, C., Marx, P., Schneider, W. (2003): BAKO 1–4. Basiskompetenzen für Lese-Rechtschreibleistungen. Ein Test zur Erfassung der phonologischen Bewusstheit vom ersten bis vierten Grundschuljahr. Beltz, Test, Göttingen

Stothart, S. E., Hulme, C. (1992): Reading Comprehension Difficulties in Children. The Role of Language Comprehension and Working Memory Skills. Reading and Writing: An Interdisciplinary Journal 4, 235–256

Swanson, H. L., Howard, C. B., Saez, L. (2006): Do Different Components of Working Memory Underlie Different Subgroups of Reading Disablities. Journal of Learning Disabilities 39, 252–269

Tan, A., Nicholson, T. (1997): Flashcards Revisited: Training Poor Readers to Read Words Faster Improves their Comprehension of Text. Journal of Educational Psychology 89, 276–288

Thierbach, D. (2004): Warum gräbt der Maulwurf? 111 Fragen, die die Welt bewegen. Ullstein Verlag, Berlin

Tollkühn, S., Spreer, M. (2005): Diagnostische Verfahren für die pädagogische und sprachheilpädagogische Arbeit. Leipziger Universitätsverlag, Leipzig

Torgesen, J. K., Wagner, R. K., Rashotte, C. A. (1994): Longitudinal Studies of Phonological Processing and Reading. Journal of Learning Disabilities 27, 276–286

–, Wagner, R. K., Rashotte, C. A. (1997): Prevention and Remediation of Severe Reading Disabilities: Keeping the End in Mind. Scientific Studies of Reading 1, 217–234

–, Alexander, A. W., Wagner, R. K., Rashotte, C. A., Voeler, K. K., Conway, T. (2001): Intensive Remedial Instruction for Children with Severe Reading Disabilities. Immediate and Long-term Outcomes from Two Instructional Approaches. Journal of Learning Disabilities 34, 33–58, 78

–, Hudson, R. (2006): Reading Fluency: Critical Issues for Struggling Readers. In: Samuels, S. J., Farstrup, A. (Eds.): Reading Fluency: The Forgotten Dimension of Reading Success. International Reading Association, Newark, DE

Ulich, M. (2003): Literacy – sprachliche Bildung im Elementarbereich. Kindergarten heute 33, 6–18

Valtin, R. (2000): Die Theorie der kognitiven Klarheit – Das neue Verständnis von Lese-Rechtschreib-Schwierigkeiten. In: Akademie für Lehrerfortbildung und Personalführung Dillingen (Hrsg.): Lese-Rechtschreib-Schwierigkeiten. Auer Verlag, Donauwörth 16–59

Wagner, R. K., Torgesen, J. K. (1987): The Nature of Phonological Processing and its Causal Role in the Acquisition of Reading Skills. Psychological Bulletin 101, 192–212

Walsh, D. J., Price, G. G., Gillingham, M. G. (1988): The critical but transistory importance of letter naming. Reading Research Quarterly. 14, 108–122

Wimmer, H. (1993a): Characteristics of Developmental Dyslexia in a Regular Writing System. Applied Psycholinguistics 14, 1–33

– (1993b): Commentary on Perfetti, Georgi and Beck: Children Without Phonemic Awareness before Learning to Read. Are They at Risk? In: Grimm, H., Skowronek, H. (Eds.): Language Acquisition Problems and Reading Disorders: Aspects of Diagnosis and Intervention. De Gruyter, Berlin, New York, 211–218

–, Landerl, K., Linortner, R., Hummer, P. (1991): The Relationship of Phonemic Awareness to Reading Acquisition: More Consequence than Precondition but Still Important. Cognition 40, 219–249

–, Hummer, P. (1990): How German-Speaking First Graders Read and Spell: Doubts on the Importance of the Logographic Stage. Applied Psycholinguistics 11, 349–368

–, Mayringer, H., Landerl, K. (2000): The Double Deficit Hypothesis and Difficulties in Learning to Read a Regular Orthography. Journal of Educational Psychology 92, 668–680

Witschas, D., Stiefenhofer, B. (1999): Kreatives Schreiben, 3./4. Jahrgangsstufe. pB-Verlag, Puchheim

Wolf, M., Bally, H., Morris, R. (1986): Automaticity, Retrieval Processes and Reading: A Longitudinal Study in Average and Impaired Readers. Child Development 57, 988–1000

–, Bowers, P. G. (1999): The Double Deficit Hypothesis for the Developmental Dyslexia. Journal of Educational Psychology 91, 415–438

–, Bowers, P., Biddle, K. (2000): Naming Speed Processes, Timing and Reading: A Conceptual Review. Journal of Learning Disabilities 33, 387–407

–, Goldberg O'Rourke, A., Gidney, C., Lovett, M. W., Cirino, P., Morris, R. (2002): The Second Deficit: An Investigation of the Independence of Phonological and Naming-Speed Deficits in Developmental Dyslexia. Reading and Writing: An Interdisciplinary Journal 15, 43–72

Sachregister

alphabetisches Prinzip (alphabetische Strategie) 27–30, 50, 60 f, 65, 75, 91, 122 f
Anlaut 46, 49 f, 74 f, 85
Anlauttabelle 82–86
antizipatorisches Lesen 118
Arbeitsgedächtnis 30, 34–43
Artikulation 28, 73, 77, 79, 89
Auslautverhärtung 86
Automatisierung des Leseprozesses 31–33, 56, 61, 66, 91, 100

BAKO 68
Benennungsgeschwindigkeit 56–66, 100
Bilderbuch 23–25
Bildergeschichten 119, 132
BISC 37, 49 f, 67
Buchstabenanalyse 82, 86 f
Buchstaben-Laut-Training 54, 74 f

Dekodieren 18 f, 42, 69 f, 101 f, 112
Diagnostik 19, 49, 67–71, 114
differenzielle Induktionshypothese 51 f
direkte Lesestrategie 31, 102
dual-task-paradigm 41

Effekt artikulatorischer Unterdrückung 38
ELFE 1–6 69

Fibel 82, 86, 95
Frikativ 11, 77, 84, 95, 97

Generalisierung 55 f, 102, 122, 125, 129
Gestik 12, 112, 131
Grammatik 14, 16 f, 19 f, 33, 45, 111, 114, 121, 132, 136
Graphemfolgen
–, sinnfreie 94, 96, 103
–, häufig vorkommende 31 f, 64, 94, 96, 103, 107

Graphem-Phonem-Korrespondenz 9 f, 28, 75, 81 ff, 121
Grundwortschatz 122

Hamburger Schreibprobe 71
Handzeichen 77–80, 85, 87 ff, 91, 94–97, 104, 122
Hintergrundwissen 112, 118
Hören, Lauschen, Lernen 53, 75, 79 f

indirekte Lesestrategie 27, 42, 82, 91, 96
inferenzielles Lesen 15
innere Bilder (s. mental imagery)
Intelligenz 8, 52
IntraAct Plus 95

Kieler Leseaufbau 96
Klanggeschichte 86
Knuspel Leseaufgaben 69
Koartikulation 13, 28, 88, 91, 94
Koda 48, 76
Kohäsionen 15, 121
Kontext 15, 93, 102, 126
kontextfreie Worterkennung 21, 102 f
Kontextoptimierung 132
Korrektur 124

Langzeitgedächtnis 31, 35 ff, 57
Laut 9 f, 11, 28 f, 64, 75, 79 f, 84 f, 121
Lautgebärden (s. Handzeichen)
Laut-zu-Wort-Aufgabe 46, 67, 74
Lernwörter 122, 130
Lesegenauigkeit 56, 65 f, 92, 100
Lesegeschwindigkeit 56, 61, 66, 70, 102
Lesepfeil 99
Lesetechnik 18, 94 f
Leseverständnis 9, 14, 17–21, 31, 41 ff, 56, 93, 101, 111 f, 115
LGVT 6–12 70
Linguistik 14, 16, 78, 84, 86, 95, 123

literacy 25
listening-span-task 40

mentales Lexikon 14, 28, 57, 64
mental imagery 112, 118 ff
Merkwörter 125
metalinguistische Bewusstheit 23, 44 f
Mimik 12, 112, 131
Mitsprechwörter 125
Modelllernen 81, 120, 137
Morphem 11, 32, 129 ff
Mottiersilben 37, 40
Nachdenkwörter 125
Nachschriften 122
nonverbale Informationen 12, 14, 112
Nukleus 48, 76

Onset 47 f, 50, 76 f
Orthographie
–, Erlernen der 121–131
–, Prinzipien der 11
–, Transparenz der 9, 27, 33, 62–66, 91 f, 100
orthographische Repräsentationen 31, 91, 96, 100, 102 ff, 107

parsing 28
Partner(-arbeit) 90, 94, 98, 104, 127 f
Phonem 9, 29, 34 f, 45 ff, 50 f, 72, 74
Phonemsegmentation (Phonemanalyse) 30, 46, 50, 74, 77 f, 80 f, 122
Phonemsynthese 30, 34, 46, 74, 76 ff, 85, 91, 94, 104
phonologischer Ähnlichkeitseffekt 38
phonologische Bewusstheit
–, explizite 45 ff, 49 ff, 74 f, 78
–, implizite 45, 47, 49–52, 74, 76 f
–, Förderung der 19, 44, 53 ff, 63, 72 ff, 94, 122
phonologische Informationsverarbeitung 9, 12, 19, 23, 34 ff, 57
phonologische Repräsentationen 35, 37, 57, 113
phonologischer Unterdrückungseffekt 38
phonologische Verknüpfungshypothese 53, 75, 85
phonologischer Buffer 38 f, 41
phonologisches Rehearsal 36 ff, 40, 42
phonologisches Rekodieren 27, 31 f, 61, 65, 91 ff
phonologische Schleife 36 ff

Plosive 74, 77 f, 84, 86, 95 f
Prävention 20, 53 f
Prosodie 12, 24, 112, 131
Pseudowörter 27, 37, 39, 42, 65, 91 f

Rechtschreibregeln 122, 125, 127
Reime 25, 44, 46 ff, 50, 76
Risikokinder 15 ff, 42, 49, 51, 54 f, 80, 94
Rundgang durch Hörhausen 49

Schreibanlässe 33, 123, 132, 135
Schreibkonferenz 138
self-teaching-mechanism 102
Semantik (s. a. Wortschatz) 28, 31, 83, 111 f, 113, 117
Sichtwortschatz 26, 103
Signalgruppen (s. a. häufig vorkommende Graphemfolgen, sublexikalische Einheiten) 103, 107 ff
Silbe 25, 29, 32, 44 ff, 95 ff
Silbenstruktur 78 f
Silbenteppich 96 f
simple-view-of-reading 18, 101
Sinnentnahme (s. Leseverständnis)
spezifische Lese-Rechtschreibstörung, Definition der 9
Spracherwerbsstörung, Sprachentwicklungsstörung 9, 15 f, 62, 113
Sprachförderung 25
Sprachtherapie 17, 132
Sprachverständnis(-störungen) 12, 18 f, 112, 114
Strukturierungshilfen 135 f
sublexikalische Einheiten 32, 45, 107, 131

Transfer (s. Generalisierung)

Verarbeitungsgeschwindigkeit 57
Verstehensstrategien 113, 118 f
Visualisieren (s. mental imagery)
visuelle Wahrnehmung 34
visuell-räumlicher Skizzenblock 36, 38 f, 41
Vorstellungsbilder (s. mental imagery)

Wortauswahl 76, 78, 80, 95 f, 123
Worterkennung (automatisierte) 17 ff, 31 f, 42, 56, 60 ff, 66, 91, 96, 100 ff
Wortlängeneffekt 38, 42

Wortlistentraining 126
Wortschatz (s. a. Semantik) 14, 16 ff, 25, 33, 85, 111, 113
Wortschatzarbeit 20, 85, 111, 113 f
Würzburger Leise Leseprobe 70
Würzburger Studien 53, 55

Würzburger Trainingsprogramm (s. a. Hören, Lauschen, Lernen) 79 f

Zahlen nachsprechen 38, 40 ff
Zentrale Exekutive 36 f, 40 ff
Zugriffsgeschwindigkeit 33, 35, 56 f

ANZEIGE

Legasthenie und Rechtschreibschwäche spielerisch begegnen!

Das Trainings-Set hilft legasthenen Kindern von 6 - 14 Jahren ihre besonderen geistigen Fähigkeiten voll zu nutzen. Die Methode **mega memory® Gedächtnistraining** ist wissenschaftlich fundiert und millionenfach erprobt.

Der Selbstlehrgang wurde für begleitende Erwachsene und Pädagogen aller Schulformen in D, A und CH konzipiert.

2 Lern-CDs + Buch + CD-ROM + Musik-CD

98,- Euro inkl. Versand und MwSt.

 **Gregor Staub** lehrt seine Methode **mega memory®** seit 1990 in Unternehmen, an Schulen und Universitäten. Er ist einer der erfolgreichsten Gedächtnistrainer Europas und Autor vieler Bücher.

 Die Psychologin, Pädagogin und Legasthenie-Trainerin **Mag. phil. Christine Hager** arbeitet seit vielen Jahren mit Kindern und Jugendlichen – mit erstaunlichen Ergebnissen!

gregor staub mega memory®

Informationen:
www.mm-legasthenie.com
www.gregorstaub.com

Bestellungen:
info@gregorstaub.com

Iris Eicher
Sprachtherapie planen, durchführen, evaluieren

(Praxis der Sprachtherapie und Sprachheilpädagogik; 1)
2009. 125 Seiten. 48 Abb. 6 Tab.
(978-3-497-02093-5) kt

Was müssen TherapeutInnen beim Erstkontakt mit einem Klienten bedenken? Wie gelingt die Klienten-Therapeuten-Beziehung? Welchen Sinn haben die täglichen Dokumentationen im Praxis- oder Klinikalltag?
Solche Fragen werden immer wieder im Kollegenkreis oder in Supervisionsrunden gestellt. Es sind Fragen nach der Struktur der Therapieplanung, nach der Wirksamkeitseinschätzung und nach Dokumentationshilfen. Die Autorin gibt in diesem Buch hierzu Antworten, die theoretisch fundiert, in der Praxis erprobt und konkret umsetzbar sind.

www.reinhardt-verlag.de

Karin Reber / Wilma Schönauer-Schneider
Bausteine sprachheilpädagogischen Unterrichts

(Praxis der Sprachtherapie und Sprachheilpädagogik; 2)
2009. 212 Seiten. 58 Abb. 32 Tab.
(978-3-497-02092-8) kt

Die Autorinnen zeigen, wie präventiv sprachfördernde Maßnahmen in den Regelschulunterricht integriert werden können, aber auch, wie man für Kinder mit Sprachstörungen oder Mehrsprachigkeit einen sprachtherapeutischen Unterricht gestalten kann. Anhand vieler praktischer Beispiele erläutern sie Methoden aus Bereichen wie Aussprache, Wortschatz und Grammatik.

Das Buch liefert wertvolle Hinweise zu sprachdiagnostischen Verfahren für den Einsatz in der Gruppe sowie zur sprachheilpädagogischen Förder- und Unterrichtsplanung. Konkrete Unterrichtsbeispiele runden die Darstellung ab und machen das Buch zu einem unentbehrlichen Fundus für Praktiker, die Kindergruppen ein lernförderliches Umfeld für die Sprachentwicklung bieten wollen.

www.reinhardt-verlag.de

Barbara Rodrian
Elterntraining Sprachförderung

Handreichung für Lehrer, Erzieher und Sprachtherapeuten
(Praxis der Sprachtherapie und Sprachheilpädagogik; 3)
2009. 147 Seiten. 15 Abb. 24 Tab. Mit CD-ROM.
(978-3-497-02091-1) kt

Für LehrerInnen an Sprachheilschulen ist die Zusammenarbeit mit den Eltern ein wichtiger Bestandteil ihrer Arbeit. Mit diesem neuartigen und evaluierten Elterntraining werden Eltern über Sprachförderung informiert und bei der Förderung ihrer Kinder unterstützt. In vier komplett ausgearbeiteten Elternabenden und zwei bis vier Einzeltreffen erhalten die Eltern Wissen über Spracherwerb und Sprachstörungen, die beziehungsfördernde Gestaltung von Gesprächen und über Zusammenhänge von Sprache, Lernen und Verhalten. Als präventive Informationsveranstaltung können die Inhalte auch in Regelgrundschulen und Kindergärten angeboten werden.
Die CD-ROM liefert alle nötigen Materialien, z.B. Präsentationen, Arbeitsblätter, Unterlagen für eine Elternmappe und Planungsmaterial.

www.reinhardt-verlag.de

Karin Reber
Prävention von Lese- und Rechtschreibstörungen im Unterricht

Systematischer Schriftspracherwerb von Anfang an
2009. 224 Seiten. 64 Abb. 27 Tab.
(978-3-497-02096-6) kt

Kinder mit Sprach- oder Aufmerksamkeitsproblemen haben ein erhöhtes Risiko für Lese- und Rechtschreibstörungen. Durch systematischen Unterricht im Lesen und Rechtschreiben lassen sich Störungen von vornherein vermeiden.

Die Autorin zeigt für Klasse 1, wie optimierter Unterricht im Schriftspracherwerb aussehen kann und wie Lese- und Schreibtechnik sowie kommunikatives Lesen und Schreiben von Anfang an gefördert werden können. Für die Klassen 2 bis 4 liegt der Schwerpunkt auf dem Lernbereich Rechtschreiben.

Das wissenschaftlich fundierte, praxiserprobte Unterrichtskonzept zum Schriftspracherwerb folgt dem Leitgedanken „Prävention statt Intervention": Auch schwache Schüler können damit erfolgreich lesen und schreiben lernen.

www.reinhardt-verlag.de

Karin Schleider
Lese- und Rechtschreibstörungen

2009. 102 Seiten. 5 Abb. 9 Tab. Innenteil zweifarbig.
UTB-Profile (978-3-8252-3047-0) kt

In leicht verständlicher Form erklärt die Autorin die Symptomatik, Klassifikation und Epidemiologie von Lese-Rechtschreibstörungen. Neben Fragen nach Methoden der Diagnostik werden Möglichkeiten der Prävention und Intervention bei Lese-Rechtschreibstörungen ebenso thematisiert wie Fragen nach Prognose und Verlauf. Ein Fallbeispiel konkretisiert die vermittelten Kenntnisse und bietet Gelegenheit, das erworbene Wissen zu vertiefen.

www.reinhardt-verlag.de

Karlheinz Barth / Berthold Gomm
Gruppentest zur Früherkennung von Lese- und Rechtschreibschwierigkeiten

Phonologische Bewusstheit bei Kindergartenkindern und Schulanfängern (PB-LRS) – Manual
Mit einem Geleitwort von Wolfgang Schneider
2., durchges. Aufl. 2008. 36 Seiten. Zahlr. Abb. 2 Tab. DIN A4
(978-3-497-01987-8) geh

Hinweise auf die Entstehung von Lese-Rechtschreibschwierigkeiten können oft schon bei Kindern im Vorschulalter und zu Beginn des ersten Schuljahres diagnostiziert werden.
LehrerInnen und ErzieherInnen brauchen zur Früherkennung diagnostische Hilfen, die zeitökonomisch einsetzbar sind. Der Gruppentest bietet für diesen Zweck das richtige Material. Man kann mit dem Test innerhalb kurzer Zeit feststellen, ob Kinder Reime erkennen, den Anfangs- oder Endlaut eines Wortes heraushören und Silben eines Wortes bestimmen können. Das Testmanual für den Erwachsenen bietet Hintergrundinformationen zum Thema Lese-Rechtschreibschwierigkeiten, zur phonologischen Bewusstheit und detaillierte Angaben zur Durchführung des Tests.

www.reinhardt-verlag.de

Karlheinz Barth / Berthold Gomm
Gruppentest zur Früherkennung von Lese- und Rechtschreibschwierigkeiten

Phonologische Bewusstheit bei Kindergartenkindern und Schulanfängern (PB-LRS) – Arbeitsheft für Kinder
3. Aufl. 2008. 28 Seiten. Zahlr. Abb. 10er-Pack. DIN A4
(978-3-497-02053-9) geh

Das Arbeitsheft für Kinder enthält das umfangreiche Bildmaterial für den Test. Mit Hilfe einer Geschichte um den Zwerg Albert werden die Kinder durch den Bildertest geführt. Ein Spaß für die Kinder, ein wichtiges Diagnose-Instrument für die (Vor-)Schule – damit Lese-Rechtschreibschwierigkeiten keine Chance haben.

www.reinhardt-verlag.de

Holger Schäfer / Nicole Leis
Lesen und Schreiben im Handumdrehen

Lautgebärden erleichtern den Schriftspracherwerb in Förderschule und Grundschule
Mit 36 Videosequenzen, 207 Kopier- und Materialvorlagen auf CD-ROM.
2008. 224 Seiten. 324 Abb. (978-3-497-02023-2) kt

Lesen- und Schreiben-Lernen ist für manche Kinder an Förder- und Grundschulen eine große Hürde. Der Schriftspracherwerb kann durch den Einsatz von Lautgebärden intensiv gefördert werden – nicht nur an der Schule mit dem Förderschwerpunkt geistige Entwicklung. Wie dies auf spielerische Weise und mit Methoden des offenen Unterrichts gelingt, präsentieren die AutorInnen in diesem Buch. Das lehrgangsunabhängige und erprobte Lautgebärdensystem wird systematisch dargestellt und begründet.
Anregungen für die Praxis sowie Kopier- und Materialvorlagen auf CD-ROM runden das Angebot ab.

www.reinhardt-verlag.de